나도 괜찮은
교사이고
싶다

나도 괜찮은
교사이고
싶다

정우민 지음

이담
Books

역사의 사(史)는 치우침 없이 중심을 잡고 사건을 기록하는 사관을 표현한 글자다. 인간은 기록하는 동물이다. 본능처럼 자기 흔적을 남긴다. 문자가 있기 전부터 벽화 그리고 조각을 남겼다. 지금 세대 경험을 후대에 전승했다. 이를 바탕으로 인류는 지구 위 유일한 문명을 만들었다.

임용시험 준비 전 제일 먼저 한 일은 합격 수기를 읽는 것이었다. 다양한 사례를 바탕으로 간접 경험을 통해서 수험 생활 계획을 세웠다. 시기별 공부법, 체력관리 중요성, 시험 정보를 얻었다. 마음이 지칠 때면 수기 속 얼굴 모를 누군가 건네는 위로를 받았다.

교사가 되었다.

출근 첫날, 설레는 가슴을 가라앉히며 꿈 안고 교직을 시작한다. 한 달 두 달 지나가며 머릿속 학교 모습과 현실이 다르다는 걸 알게 된다. 학생 눈높이 맞게 수업을 재구성하고 꾸리는 것은 언감생심이다. 매일 수업 진행도 벅차다. 수업 중 자거나 관심 없는 아이를 보면 가슴이 아프다. 내 탓인 것 같아 자책한다. 이런저런 수업 방법을 활용해보지만 상황이 바뀌는 것 같지 않다. 어쩌면 좋을까 막막하다.

학급 학생 관리는 수업보다 어렵다. 자신도 청소년기를 지나 왔지만 이해 못 할 행동을 한다. 마음 다해 아이를 위하지만 알아주지 않고 기대를 저버린다. 속상하다. 그 와중에 행정 업무까지 떠밀린다. 퇴근한다. 지쳐 쓰러진다. 임용시험 통과하면 장밋빛 인생일 줄 알았는데… 못난 내 모습에 속상하다.

나만 그런 것이 아니었다. 대부분 신규 선생님들이 비슷한 감정을 경험한다. 다들 교사가 되기에 아직 능력이 부족해서일까? 초임 교사는 이제 막 운전면허 취득한 운전자와 같다. 필기시험과 연수 주행을 거쳤지만 도로 위는 새로운 세상이다. 교원 자격증은 국가가 전문성을 보장하는 인증서지만 그 자체로 곧바로 전문가가 되는 것은 아니다. 교육실습 나간 첫날 교장 선생님이 말씀하셨다.
"대학교 졸업하고 학교 발령받고 나서야 한 명의 교사가 만들어 지기 시작합니다."

대학은 교과 교육 중심이다. 그것도 교사가 되어 가르칠 내용만 관심 가질 뿐이다. 왜, 어떻게 가르쳐야 하는지 생각할 시간을 주지 않는다. 교과 수업만 담당한다면 다행이다. 시작과 동시에 상담 및 생활교육, 행정 업무까지 맡는다. 준비하고 연습하는 기간이 없다. 수업 방해, 문제 학생 지도 등 생전 처음 겪는 상황을 발령받은 교사 개개인이 해결해야 한다.

첫 학교에서 함께 근무한 선생님들께 많은 것을 배울 수 있었다. 그분들 아니었다면 힘들었던 순간을 버티지 못했을 것이다. 한편으로 생각했다.
'교직 생활 처음 시작하는 사람들의 수기가 있으면 좋을 것 같은데 아쉽네. 참고하면 도움 될 텐데.'

6년 차 교사가 되었다. 어느새 이렇게 시간이 흘렀나 모르겠다. 우연히 책 쓰기 수업을 듣게 되었다. 책 주제를 무얼 할까 고민하다 떠올랐다. 처음 교사가 된 사람들이 참고할 만한 에세이를 써보자 싶었다. 주변에서 걱정했다.

"그런 글 쓰면 건방지다는 말 들을라."

"아직 책 쓰기에 경험이나 능력이 부족하지 않아?"

맞는 말이다. 아직 경력이 미천하고 경험이 부족하며 능력도 모자란다. 그런데도 그냥 썼다.

첫 번째 이유는 이 책의 제1 독자가 '나'이기 때문이다. 내가 읽고 재밌다. 내가 뒤돌아보니 아쉬워 반성한다. 내가 감동적이었던 일을 남긴다. 내가 감사한 분들에게 마음을 표현하려 썼다.

두 번째 이유는 이 책의 내용이 오로지 내 것이기 때문이다. 사람 백 명이 있으면 백 가지 이야기가 있다. 지난 5년 반 겪은 일과 감정은 세상에서 유일하다. 나만이 쓸 수 있다.

자이언트 북 컨설팅 대표 이은대 작가님이 하신 말씀이다.

"내 삶을 글에 담아 세상을 이롭게 하는 책을 만든다."

글을 쓰며 잊고 있었던 많은 일들이 떠올랐다. 정신없이 달려온 교직 생활을 정리할 수 있었다. 부끄럽고 후회한 경험을 공개한다. 읽고 나서 위안을 얻으셨으면 좋겠다. 어설프고 불안한 지금 시절이 당신만 아니라 우리 모두의 것이라는 걸 말해주고 싶다. 명저나 베스트셀러를 바라지 않는다. 단 한 명이라도 위로받고 공감한다면 충분하다.

촛불 하나는 미약하지만 모인 불빛은 세상을 환하게 비춘다. 좋은

선생님이 많아졌으면 좋겠다. 그럼 더 행복한 학교가 만들어지리라
고 믿는다. 이 책이 작은 도움이 되었으면 한다.

가족, 친구, 지인, 동료 선생님들, 제자들 얼굴을 떠올린다.
소중한 사람들이 있어 오늘 하루 웃는다. 감사한 마음으로 다짐
한다.
지금 여기, 최선을 다하는 교사 되자고.

바람 선선한 어느 오후
2020년 10월
정우민

차례

Part 5. '참교사'가 되고 싶습니다만

Part
1

나는 왜
교사가 되었을까

1

합격의 행복은 잠시,
준비합시다

2월 어느 날, 이른 아침이었다. 커피 한 잔 내리고 컴퓨터 앞에 앉았다. 창문으로 들어오는 겨울 찬 공기를 깊게 들이마셨다. 시계를 보니 8시 20분이었다. 지난 1년이 머릿속을 지나갔다. 조금만 버티자고 다짐한 날, 다른 사람과 비교하며 우울했던 날, 공부 시작이 늦은 것 같아 자책한 날, 그리고 임용 시험일까지… 모든 순간이 엊그제 같았다. 검지로 책상을 두드렸다. 커피 한 모금을 입에 넣었다. 혹시나 해서 교육청 홈페이지를 들락거렸다. 몇 번 확인했을까, 예정된 시각보다 빨리 결과가 나왔다.

발표 기다리는 사람 모습은 천차만별이다. 누구는 떨리는 마음에 확인하지 못하고 미룬다. 어떤 이는 다른 사람에게 확인을 부탁한다. 교집합이 있다면 어떻게 되었을까 하는 불안감일 것이다. 나 역시 그랬다. 2차 시험 이후 합격자 발표까지 2주 정도 시간 동안 도살장에 끌려가기 전 소가 된 기분이었다. 밤에 뒤척이다 공연히 눈물이 날 정도였다. 멘탈 관리해야겠다 싶었다.
'당연히 합격이야.'

스스로 세뇌했다. 마음을 다잡았다. 그래서일까, 합격자 명단 파일을 다운로드하고 망설임 없이 스크롤을 내렸다. 이름이 있었다. 담담했다. 부모님과 지인들에게 연락했다. 제 일처럼 기뻐해 주고 축하해주었다. 그제야 실감 났다. 재수, 삼수를 기본 전제하는 시험이다. 자신이 대견스러웠다. 가족들과 저녁 식사를 마치고 방으로 돌아왔다. 마음이 스르륵 가라앉았다. 의문이 들었다.

'이제 뭘 하면 되지?'

합격자 안내문을 확인했다. 안내사항이 있었다.

- 공무원 임용을 위한 건강검진 결과를 제출하세요.
- 신규 임용 교사를 위한 연수(5일)에 참여하세요.
- 신규교사 임용식(2월 말)에 참여하세요.

두 번 읽었다. 요약하니 이게 끝이었다. 다시 생각했다.

'이제 뭘 하면 되지?'

회사에 들어가면 신입사원 연수가 있다. 일할 수 있는 기초 역량을 키우기 위해 길게는 몇 달을 교육한다. 이후에도 수습사원이라는 이름으로 관리한다. 교사의 경우에는 이런 시스템이 없다고 봐도 무방하다. 신규교사를 위한 연수 기간은 짧았고 그동안 다루기에 교사 업무는 넓고 깊었다. 연수 강사분 이야기가 기억난다.

"우선 맛보기로 이런 게 있다 들어만 두세요. 학교 가서 직접 해보셔야 이해되실 겁니다."

3월이면 신규교사로 첫발을 내디딜 터였다. 3주 시간을 어떻게 보내면 좋았을까? 합격 기쁨에 마냥 마음 편안하고 여유로웠다. 주변에서도 3월부터 힘들 테니 지금 즐기라고 했다. 이후 겪을 일들을 알았더라면 그렇게 시간을 흘려보내지 않았을 것이다. 아쉬운 마음을 담아 정리한다.

학교 바깥사람에게 종종 듣는 이야기가 있다.
"학교 선생님들, 수업 시간에 말 좀 하다가 수업 없으면 쉬잖아요. 4시 반 되면 땡 하고 퇴근하고. 부러워요, 정말."
그런 줄 알았다. 수업 없는 시간에 교무실에서 선생님들이 쉰다고 생각했다. 늘 정시에 퇴근할 줄 알았다. 수업 시간과 준비 시간 합친 것보다 행정 업무 시간이 많았다. 퇴근 후 일하는 건 일상이었다. 업무 처리 시간을 줄여야 교사 본연의 시간을 가질 수 있다. 요령을 준비할 수 없으니 문서 처리 능력이라도 길러놓자. 우리나라 공공기관은 한글 프로그램이 기본이다. 엑셀(Excel)은 자료 집계 및 정리, 파워포인트(PPT)는 회의·수업·기타 발표에 주로 활용된다. 예전에는 학원에 다녀야 했지만 요즘은 유튜브에 직장인을 위한 강의가 많다. 사용법, 단축키, 꿀팁 등을 익혀 놓자.

코로나로 온라인 수업 시대가 열렸다. 레이트(late) 어댑터인 내가 IT 기술과 이렇게 가까워질 줄 몰랐다. 교과 관련 유튜브 채널을 운영할 정도로 재미를 붙였다. 동영상 편집 기술, IT 기자재 활용을 계속해서 배우고 있다. 돌이켜보면 익혀둘 기회가 있었다. 미리미리 해두면 좋았을 걸 아쉬움이 생긴다. 21세기 교육은 정보 기술과 불가분의 관계다. 코딩 교육이 필수인 아이들을 맞이할 준비를 하자.

교사는 수업하는 사람이다. 학생 중심 수업을 강조하는 분위기지만 뿌리는 교사다. 교육 철학 투철하고 교수 방법 전문가가 되었지만 목소리가 모깃소리 같다면 어떨까? 표현력이 부족하면 말하고자 하는 바를 전하기 힘들다. 같은 내용을 가지고도 전달력에 따라 다른 수업이 된다.

학원 등록을 권한다. 소리 내고 말하는 기술을 익히자. 웅변이 아니라 대중 앞에서 자연스럽게 말하는 방법을 교육하는 곳이 많다. 보이스 트레이닝 수업은 꼭 수강했으면 좋겠다. 말하는 직업이라면 목소리 훈련하는 것이 필수다.

교사는 지식 전달 활동을 해서인지 나누는 것에 익숙하다. 수업 방법, 학급 경영이 막막할 때는 다른 분에게 배움을 구하자. 네이버 밴드의 각종 연구회 모임, 수업 혁신 운동을 벌이는 미래교실 네트워크 홈페이지, 교과교육연구회 홈페이지, 개인 교사 블로그 및 SNS 등 보물창고가 넘쳐난다. 활용은 우리 몫이다.

여행 가기 전 여행 에세이를 읽은 기억이 있을 것이다. 글쓴이

여행 기록을 따라가며 간접 경험하고 주의해야 할 점, 추천 장소 등 다양한 정보를 얻는다. 교육 에세이도 마찬가지다. 선배 교사 에세이를 통해 학교에서 조심해야 할 점, 준비해야 될 팁을 배울 수 있다. 교사 블로그, 유튜브 채널 등 가볍게 둘러보는 것을 추천한다.

   미국 건국의 아버지, 벤저민 프랭클린은 말한다.

   "준비에 실패하는 것은 실패를 준비하는 것이다."

   앞서 나열한 것들뿐만 아니라 힐링 여행을 비롯한 자기 계발 활동도 좋다. 신규교사로서 발 내딛기 전 소중한 시간을 알차게 준비했으면 한다. 성공적 3월을 기원한다.

2

어설픈 신규교사의
설레는 첫 출근일

'처음'보다 가슴 뛰는 말 있을까.

넥타이 매고 옷매무새 가다듬고 처음 출근하던 날, 오만가지 생각으로 머릿속이 뒤죽박죽이다. 첫해 업무는 중학교 2학년 담임과 학생안전생활부 기획이었다. 출근 버스 안에서 가상 시뮬레이션을 반복했다.

'문 열고 무슨 말을 하며 인사할까?'
'3월에 무서운 이미지를 남겨야 아이들이 말을 잘 들어서 1년이 편안하다던데…'
'첫 수업은 어떻게 하지? 오리엔테이션이니까 가볍게 마무리하고 자기소개 시간을 가질까?'
'교무실에 바로 가면 되겠지? 따로 할 것이 있었나?'

수험 생활에 지칠 때마다 출근 첫날 당당하게 우리 반 아이들과 인사하는 모습을 상상하며 힘을 냈다. 'Dreams Come True', 꿈이 성사되는 날이었다. 호흡 한 번 가다듬고 교문을 지났다.

등교하는 아이들이 나를 보고 인사했다.

"선생님, 안녕하세요."

'이제 진짜 시작이구나.' 조금씩 실감이 났다.

8시 20분, 우리 반에 입실했다. 25명 아이들 눈이 나를 향했다. 무슨 말을 하면 좋았을까? 어떤 말을 해야 했을까? 그때 기억이 명확하지 않다. 이제 대학생이 된 아이의 말을 대신 빌려온다.

"쌤, 처음에는 표정이 무섭고 말투가 완전 딱딱해서 올해 진짜 망했다 싶었어요."

그 말을 들으니 쥐구멍이라도 찾고 싶었다. 일부러 근엄한 척 행동했을 모습이 떠올랐다. 얼마나 경직되고 긴장했을까.

아침 시간이 끝나고 수업 시간이 이어졌다. 첫해 수업 시수는 18차시였다. 일주일 수업이 18시간이라는 뜻이다. 첫 수업의 기억도 흐릿하다. 마찬가지로 떨리는 마음으로 진행했을 것 같다. 여차여차 정신없이 하루가 지나갔다. 그날 저녁은 분명히 기억난다. 학생부 전통인 개학 회식이 있었다. 집에 들어가니 밤 1시가 조금 지나있었다.

다음 날 피곤한 몸을 이끌고 출근했다. 수업 준비하고 수업하고, 학급 아이들과 어울렸다. 금세 하루가 지나갔다. 다음 날도 그랬다. 4일 차 되던 날이었다. 오전 중에 전화가 왔다.

"선생님, OO에 대해서 보고를 해주셔야 합니다. 기한이 늦었습니다."

"아, 네. 죄송합니다. 어떻게 보고 하나요?"

"업무포털에서 자료 집계 이용하시면 됩니다."

"업무포털 아이디가 아직 없는데요…"

"아직 안 만들었어요? 그럼, 말을 해야죠… 신청 양식 보낼 테니 작성해서 보내주세요."

업무포털은 학교 행정을 총괄하는 시스템 명칭이다. 전화기를 내렸다. 곰곰이 생각했다. 아이디 만들라고 이야기해 주셨던가.

주변을 둘러보았다. 2학년 교무실에는 나 포함 6명이 근무했다. 단 한 명도 한가한 사람이 없었다. 옆자리 계셨던 8년 차 남자 선생님께 여쭈었다.

"이거 업무포털 아이디를 만들라는 말씀 없으셨는데, 원래 알아서 만들어야 되는 건가요?"

"이거 못 들으셨구나. 신청서 써서 OOO 선생님 보내드리면 한 이틀 걸려요."

"그렇군요. 근데 선생님들, 다들 진짜 정신없으시네요. 학교 다닐 때는 몰랐어요."

"맞죠? 쌤. 3월은 진짜 정신없이 한 달 지나가요."

그 말처럼 3월은 순식간이었다. 리허설 없이 수십 명을 대상으로 수업 진행하고, 학생 한 명 한 명을 상담했다. 교육청 공문 읽고 문서 기안하고 자료를 제출했다. 어느 것 하나 낯설기 그지없었다. 세 살 아기가 된 듯한 기분이었다. 틀리고 머뭇거리기 일쑤였다.

초임 발령받은 선생님들 대부분 3월에 혼란을 느낀다고 한다. 수업은 생각대로 진행되지 않고 익숙하지 않은 일들이 한 가득이기 때문이다. 어설프고 서툰 모습에 때로 자괴감까지 든다.

철학자 사르트르는 실존이 본질에 앞선다고 했다. 인간은 태어나고 자연 상태 그대로 세상에 던져진다. 그 뒤 자기 모습을 만들어간다. 성격, 가치관 등 개인 특성은 시간이 지나며 빚어진다. 교사도 그렇다. 신규교사는 학교에 던져진다. 이후 어떤 모습이 될지 아무도 모른다. 사범대학에서 배운 책 속 이론과 임용시험 준비하며 눈 감아도 기억나던 지식은 무용지물이다. 현실 속 교육을 경험하고 그 속에서 고유한 모습으로 성장한다.

그러니까 걱정하지 말자. 못하는 게 당연하고 안 하는 게 자연스럽다. 신규교사가 숙련된 모습이라면 오히려 그게 이상하다. 최고의 교사로 출발하는 것이 아니라 시작하는 그때부터 만들어져 간다. 편안하게 그 순간을 즐겼으면 좋겠다. 다시 오질 않을 그때를 말이다. 교사 실존은 본질에 앞선다. 첫걸음을 시작하는 모두가 자기만의 본질을 만들어가길 바란다.

3

나는 왜
교사가 되었을까

"니가 쌤 한다고? 우리나라 교육 망했네. 푸하하하."
"맞재? 나도 좀 그런 것 같다. 하하하."

몇 해 전 졸업 후 고등학교 친구를 처음 만난 날이었다. 서로 근황을 주고받다가 나온 대화다. 우리나라 교육의 미래를 걱정(?)해야 하다니, 고등학교 생활을 무법천지로 보냈단 말인가. 다행스럽게도 대화는 그런 의미가 아니었다. 고등학교 졸업할 때까지 진로희망란에 교사의 'ㄱ'자도 적지 않았다. 예상못 한 진로에 친구가 농담을 건넨 것이다.

다른 일을 할 줄 알았다. 사범대학에 가서도, 졸업하고도 그랬다. 교사가 되어 이렇게 글까지 쓰게 될 줄은 상상도 하지 못했다. 나는, 왜 교사가 되었을까.

어릴 적부터 막연히 회사에 들어가긴 싫었다. 머릿속 회사원은 대기업 부품으로 소모되는 존재였다. 지친 표정으로 피곤한 하루를 반복하는 모습이 싫었다. 끊임없이 주변과 경쟁하는 긴장감을 느끼며 살고 싶지도 않았다. 그 와중에 숫자 놀음에 약하다 보니 문과생으로서 진로 선택이 어려웠다. 자격증 취득 후 전문직으로 살아가거나 공무원 정도가 남았다. 대학 졸업 후에도 다른 진로를 기웃거렸지만 내 길은 아니었다. 그제야 교사라는 직업을 고민했다.

직업 선택 기준을 노트에 적었다.

1. 적성: 잘하는 일인가? 재능이 있는가?
2. 흥미: 좋아하는 일인가? 계속 좋아할 수 있는 일인가?
3. 가치: 타인에게 긍정적 영향력을 미치는가? 보다 나은 사회를 만드는 일인가?
4. 직업 안정성: 평탄한 삶을 살 수 있는가?, 일과 삶 밸런스가 잘 이루어지는가?
5. 발전 가능성: 자기계발을 꾸준히 할 수 있는가?, 노력한 만큼 성장할 수 있는가?

교사가 되면 잘하진 못해도 중간은 할 것 같았다. 일을 기획하고 실행하는 것, 대중 앞에서 생각을 전달하는 일에는 제법 소질이 있었다. 교육 멘토링과 교생 실습 기억도 좋았다. 자라나는 아이들과 지내는 일은 즐거울 것 같았다. 함께 생활하며 긍정적 영향력을 주는 가치 있는 일이기도 했다. 직업 안정성은 공무원이니 나쁘지 않겠다 싶었다. 저녁이 있는 삶을 상상하니 괜찮아 보였다. 방학도 있으니 배움에 욕심 많은 성격을 충족시켜줄 것 같았다.

6년 차 교사가 되었다. 부족함에 부끄러울 때가 있지만 교원능

력개발평가나 수업 설문지 결과를 보면 못하는 것 같진 않다. 아이들과 지내는 일은 즐거웠고 즐겁다. 저녁이 있는 삶은 기대와 조금 달랐다. 하려고 하면 끝없는 게 교직 일이었다. 그래도 다른 직업에 비하면 일과 삶 밸런스가 보장되는 편이라고 생각한다. 월급은 소박하게 살 정도는 되었다. 공공기관 고용 유연성을 부여한다는 말이 나오고 있지만 현재까진 지위도 안정적이다. 다양한 연수 기회도 만족스럽다.

나는 왜 교사가 되었을까, 다시 생각한다. '왜'라는 말은 과거와 미래를 연결한다. 미래를 준비하기 위해 과거를 떠올려본다.

고등학교 3학년 때였다. 한참 성적에 민감했다. 분명 매일 무언가 열심히 했다. 아침 등교 시간이 7시 40분이었다. 심야 자율학습이 끝나는 12시까지 학교에 있었다. 집에서는 표현 그대로 잠만 잤다. 답답했다. 제대로 공부하고 있는지, 어떻게 해야 성적이 오르는지 궁금했다. 개인적인 집안 문제, 사춘기 이성 관계 상담도 받고 싶었다. 모든 것을 친구와 이야기했다. 서로 비밀을 공유하고 우리 처지를 공감하고 위로했다. 버틸 수 있었던 큰 힘이었지만 변하는 건 없었다. 고만고만한 녀석들끼리 의견을 나누어봤자 신세 한탄에 그칠 뿐이었다. 어두운 밤바다를 지침 없이 항해하는 배는 목적지에 도착하기 어렵다. 무작정 수험 생활이란 이름의 바다 위를 떠돌아다녔다.

담임 선생님은 어려운 존재였다. 하루 얼굴 볼 수 있는 시간이 10분은 되었을까? 주변 친구 누구도 힘든 일을 담임 선생님에게 이야기하지 않았다. 그게 당연했다. 대학 원서 쓰는 시기가 되었다. 처음 마주 보고 상담했다. 선생님은 상향 지원을 권유하셨다. 결과는 재수 학원행이었다. 선생님 탓을 하고 싶진 않다. 내 공부가 부족했다. 다만 입시 상담 한번 해주셨으면 하는 아쉬움이 남아있다. 조금 더 욕심내면 "요즘 마음이 어떠니?" 물어주셨다면 사춘기 거친 마음 조금 낫지 않았을까.

초등학교부터 고등학교까지 적어도 50명이 넘는 선생님을 만났다. 학교 선생님들과 미래를 이야기하고 삶의 조언을 받은 적이 없다. 그땐 그랬나 보다 싶다가도 은사(恩師)님 찾는 친구들을 보면 부럽다. 한 분 있었다면 삶이 조금 바뀌었을까.

책상에 앉아 칠판을 바라보던 입장에서 교탁에 서서 아이들을 바라보는 사람이 되었다. 예전 기억을 떠올린다. 그런 사람이 되어야겠다. 학생에게 관심을 가지고 이야기하는 사람, 가진 능력에 한계가 있을지언정 최선을 다해서 들어주고 조언하는 사람, 생각과 감정을 공감하고 존중하는 사람 말이다.

작년을 제외하고 매년 담임을 맡았다. 수업을 통해 만난 제자들까지 1,000여 명과 마주했다. 언젠가 어른 되어 살아갈 아이들이 학창 시절을 추억할 것이다.
"그때 그 선생님이 해준 따뜻한 말이 참 좋았어."

누군가 떠올리면 좋겠다. 더 바랄 게 없겠다.

4

참교사가 되라고요?

우리나라는 교사에 대한 사회적 존경이 타국에 비해 높은 편이다. 사회 구성원 학력 수준 증가로 과거에 비해 교사를 지식인으로 대하는 시선이 낮아졌다지만 아직도 스승 은혜는 하늘 같아서 마음의 어버이라고 노래 부른다. 교사라면 바르게 살아야 하고 모범이 되어야 한다는 생각도 강하다. 참교사 되기를 은연중에 강요받는다. 그런 모습이 아니면 괜스레 죄책감이 든다.

"참교사 되세요."
처음 교사 되고 얼마 지나지 않았을 때 들었던 말이다.
"참교사네요, 쌤."
무언가 교사(?)스러운 행동 혹은 교육에 대한 열정적 태도를 보이면 받는 칭찬이다.

궁금증이 생긴다. 참교사는 도대체 뭘까?

영국의 정치가이자 인문주의자 토머스 모어는 1516년 한편의 책을 발표한다. <최선의 국가 형태와 새로운 섬 유토피아에 관하여>, 우리에게 유토피아(Utopia)로 알려진 책이다. '유토피아(Utopia)'는 모어가 만든 말이다. 'u(없다, 좋다)'와 'topia(장소)'의 합성어로서 이 세상에 '없는 곳'이자 '좋은 곳'이라는 이중적 의미를 내포한다.

유토피아를 상상해보자. 모든 것이 이상적인 그곳에는 당연히 최고의 교육 시스템이 존재하고 있다. 참교사 즉 무결점 교사도 존재할 것이다. 상상 속 완벽한 교사는 어떤 모습일까?

대답하는 사람마다 다르겠지만 예상 답변을 정리하면 다음과 같을 것이다.

1. 풍부한 교과 지식
2. 듣는 이에게 지식을 전달하는 출중한 강의력
3. 단정하고 정리된 외모와 복장
4. 친절한 말투와 따뜻한 미소
5. 항상 학생을 최우선 하는 마음가짐
6. 입시 전문가로서 능수능란한 진학 지도
7. 학생 특성을 알고 학급을 운영하는 능력

어떤가? 저런 교사가 있다면 어느 학교에 데려다 놓더라도 참교사라고 칭찬받을 것이다. 우리 신규교사들은 저렇게 되기 위해 불철주야 노력해야 한다. 이상, 끝.

이라는 글이 아니다. 다시 말하지만 유토피아의 '유(u)'에는 '좋다'와 함께 '없다'를 포함한다. 유토피아 속 완벽한 교사는 존재하지 않는다.

위에 나열된 1번부터 7번까지 조건을 충족하면 참교사인가? 1번 항목을 다시 보자. 풍부한 교과 지식이라고 했다. 풍부함의 기준은 무엇인가? 최신 트렌드의 학계 동향을 살피고 논문 읽고 공부하면 될까? 학계에 논문을 발표할 정도라면 충분할까? 그렇다면 우리나라 참교사는 박사 연구자로 제한될 것이다. 반대로 교과서 수준 지식만 알면 되는가? 그것도 좀 곤란하다. 경시대회나 토론 대회에 나가고 싶어 하는 학생 지도 역량은 있어야 하지 않겠는가? 경계가 모호하다.

교육의 결과를 보고 판단하자고 할 수 있겠다. 수업 듣고 성적이 올랐다든가, 학생 행동이 눈에 띄게 변화되든가. 교육학 개론서를 뒤적이면 나오는 교육의 특징을 한 가지 가지고 온다.

"교육은 '정량적인 결과'가 '즉각적'으로 도출되지 않는다."

어른이 되어 찾아온 제자가 과거 선생님 말씀 덕분에 큰 힘을 받았다고 한다. 얼마나 받았는지 알 수 없고 바로 효과도 없었다. 그렇지만 교육 성과다. 교육 결과를 기준으로 하는 것도 바람직하지 않다.

참교사는 우리 고정관념으로 만들어진 존재다. 상상 속 그것은 차라리 유니콘에 가깝다. 동화 속 세상을 사는 뿔 달린 백마, 유니콘은 현실 세계에 존재하지 않는다. 참교사도 마찬가지다.

존재하지 않고 존재할 수도 없다. 항상 바른 말을 하고 참된 행동하는 사람이 어디 있겠는가?

신규교사에게는 더욱 그렇다. 대학 졸업하고 임용지에 발령받은 신규교사의 사회적 경험 깊이가 얼마나 될까. 자기 성찰 농도는 얼마나 진할까. 인간적으로 어느 정도 성숙해 있을까.

'참교사네요.'라는 칭찬은 과분하고 '참교사 되세요.'라는 덕담은 부담이다.

대한민국 교사이자 작가 정 선생님은 2020년 한 편의 책을 발표한다. <최선의 교사 모습과 자신의 교직 이야기>, 우리에게는 G.T.로 알려진 책이다. 'G.T.'는 정 선생님이 만든 말이다. 'G'는 'Good' 혹은 'Great'를, 'T'는 'Teacher'를 의미한다. 합치면 좋은 교사, 멋진 교사 정도 되겠다.

책 속에는 어설픈 교사 한 명이 등장한다. 다만 늘 노력하고 최선을 다한다. 지금보다 나아지려 부단히 자신을 돌아본다. 실수를 하고, 어쩔 땐 후회도 한다. 학생들에게 멋쩍은 웃음으로 감사와 미안함을 표현한다. 1년을 돌아보며 함께 한 추억에 웃음 짓고 보람을 느끼며 내년을 기약한다.

참교사가 되라고요?
저는 이런 교사가 좋고, 멋집니다.

5
교육 '공무원'? '교육' 공무원!

교사 A가 있다. 학생을 사랑하고 위하는 마음 가득한 A는 매 순간 열정 가득한 신규다. 화창한 봄날의 어느 주말, 학급 아이들과 인근 공원으로 소풍을 가기로 했다. 장소는 학교 옆 유원지다. 강변 풍경과 잔디밭이 있어 나들이 장소로 적격이다. 가까운 곳이라 학교에 따로 알리지 않았다. 아이들 먹일 김밥 싸고 음료수를 구매했다. 함께 할 레크리에이션도 준비한다. 수건돌리기나 '무궁화 꽃이 피었습니다' 게임이 좋을 것 같다. 회비는 1,000원만 받기로 했다. 레크리에이션 상품을 구매할 예정이다. 마음을 공유할 간단한 상담 프로그램도 준비했다. 평소 틈틈이 대화하며 소통한 덕분인지 대부분 참가하기로 했다. 소풍을 기대하며 웃는 아이들 얼굴에 A는 흐뭇해진다.

아름다운 사제동행 모습이다. 교사의 따뜻한 마음과 아이들 순수함이 느껴진다. 하지만 시선을 조금 달리해 보자. 문제점이 보이기 시작한다.

우선 A는 학생들과 이루어지는 학급 활동에 대해 학교에 보고

하지 않았다. 학교 밖 교육 활동은 학교장에게 보고하고 승인받아야 한다. 두 번째로 외부 활동에 대한 안전교육이 이루어지지 않았다. 레크리에이션 도중 일어날 수 있는 안전사고, 외부인 접촉으로 발생할 수 있는 문제 등에 대비한 사전 안내가 필요하다. 세 번째, 학교 운영위원회 승인 없이 학생들에게 교육 활동을 위한 금액을 징수했다. 절차에 어긋난다. 네 번째, 김밥이 상하여 식중독 위험이 있다. 봄날, 상온에서 음식이 어떻게 될지 모른다.

융통성 없고 고지식한 일 처리 같은가? 어쩔 수 없다. 교사는 기본적으로 교육 '공무원' 혹은 그에 준하는 자격을 가진다. 교사 활동은 교육기본법을 비롯한 법률을 기준으로 하고 각종 공문서에 의해 제한당한다. 흔히 공무원은 유연성 없이 업무를 한다는 이미지가 있다. 이유는 단순하다. 정해진 대로 처리하지 않으면 본인에게 불이익이 돌아오기 때문이다.

공무원 임용 시 오른손을 들고 엄숙히 선서한다. 주어진 의무를 다하겠다고 말이다. 기본적으로 공무원은 상명하복하고 국가 정책에 충실해야 한다. 개인 생각보다 단체 결정이 우선이다. 교사는 교육 전문가로서 일선에 있지만 그 그물망을 벗어날 수 없다.

졸업하고 십 년 뒤 돌아온 학교는 기억 속 모습과 달랐다. 내 학창 시절과는 또 다른 무법지가 펼쳐져 있었다. 과거 학생이었던 나와 지금 학생인 아이들은 별개 생물이었다. 학교 현장 환경도 판이했다. 학생 인권 신장, 교실 수업 개선 목소리가 높았다.

학교 선생님들이 대하기 껄끄러운 학생이 있었다. 흔히 말하는 껄렁거리고 눈에 보이는 게 없는 아이였다. 그날도 수업 진행을 방해하고 교사 지도에 반항했다. 교과 담당 선생님이 수업 후 아이를 불러 훈계했다. 대들었다. 설왕설래하던 도중 돌아서는 아이를 붙잡았다. 아이가 자리에 누웠다. 교육청에 신고하겠다며 병원에 가자고 했다. 검사 결과 아무 이상이 없었다. 그 이후 선생님은 그 아이에 대한 관심을 거두고 눈길을 주지 않았다.

담배는 금지 품목이다. 학교생활 규정에 의거 흡연한 학생은 특별 교육 등 징계를 받는다. 골목길에서 흡연하던 학생을 선생님이 발견했다. 두 명 학생 중 한 명은 현장 적발이었지만 다른 한 명은 손에 담배가 없었다. 처음 목격 시 두 학생 모두 흡연을 시인하였다.

학교에 돌아와 이야기하며 진술이 바뀌었다. 손에 담배가 없었던 학생이 핀 적 없다고 말을 바꾼 것이다. 선생님은 입장을 바꾼 학생과 대화에 돌입했다. 거친 말이 나왔다. 아이는 사과를 요구했다.

"그래, 얘기하다 보니 말이 잘못 나왔네. 그 부분은 사과할게."
아이가 말했다.
"사과하는 사람이 누가 다리 꼬고 이야기해요, 정식으로 하세요."
교사는 정자세로 고쳐 앉아 다시 사과했다.

이런 일 생기면 마음이 약해진다. 교사는 어디까지 해야 하는가, 무엇을 할 수 있을까. 혹자는 말한다.

"교육서비스 제공하는 공무원 역할만 해."

"우리나라는 이상하게 교사한테 높은 책임감을 요구하더라."

"매뉴얼대로 처리해. 너만 손해야."

정해진 업무를 규정대로 처리하는 것으로 해야 할 역할은 충분하다. 더 요구하는 건 욕심이다. 근무시간 이후 학생 연락을 받을 이유 없다. 잘못한 학생은 벌점을 주고 규칙대로 처벌한다. 퇴학 사유라면 학교 그만두게 조치한다. 담배 피우든, 술 마시든, 학업 등한시하든 관계없는 일이다. 선택으로 인한 미래의 결과는 본인 책임이다. 이렇게 생각하면 편하다.

스승의 날, 옆자리 선생님께 난초 화분이 왔다. 15년 전 제자가 보냈다 하셨다. 손으로 쓴 편지가 동봉되었다.

"선생님 덕에 사람 되어 살고 있습니다. 늘 감사합니다. 건강하세요."

제자가 당시 말썽꾸러기라 고생했다고 웃으셨다. 부딪히고 혼내는 건 일상이셨단다. 말씀하시는 선생님 얼굴에 슬며시 미소가 지어졌다.

현실과 타협하고 싶을 때, 그 모습을 떠올린다. 교육 '공무원' 아니라 '교육' 공무원으로서 살아가자고 다짐한다. 그렇게 웃을 수 있게 살아가고 싶다.

6

교육부인가, 보육부인가
그것이 문제로다

교육(教育)과 보육(保育)의 차이는 무엇일까? 네이버 국어사전을 찾아보면 다음과 같다.

교육 : 지식과 기술을 가르치고 인격을 길러 줌.
보육 : 어린아이들을 돌보아 기름.

교육은 가르침, 보육은 돌봄이 주가 되는 차이가 있다. 법률적으로 살펴보면 더 자세히 구분할 수 있다. 교육기본법과 영유아보육법을 비교해보자.

구분	교육(교육기본법)	보육(영유아보육법)
주무 부서	교육부	보건복지부
대상	모든 국민(제1조)	6세 미만의 취학 전 아동(제2조 1항)
목적	홍익인간(弘益人間)의 이념 아래 모든 국민으로 하여금 인격을 도야(陶冶)하고 자주적 생활능력과 민주시민으로서 필요한 자질을 갖추	심신을 보호하고 건전하게 교육하여 건강한 사회 구성원으로 육성함과 아울러 보호자의 경제적·사회적 활동이 원활하게 이루어지도록 함으로써 영유아 및

목적	게 함으로써 인간다운 삶을 영위하게 하고 민주국가의 발전과 인류공영(人類共榮)의 이상을 실현하는 데에 이바지하게 함(제2조)	가정의 복지 증진에 이바지함(제1조)

교육의 대상은 모든 국민이지만 보육의 대상은 6세 미만 취학 전 아동이다. 목적을 요약하면 교육은 민주 사회를 살아가는 민주시민 양성이며 보육은 보호자 활동에 국가가 도움을 주고 돌보는 것이다. 대상과 목적이 명확히 구분된다. 그런데도 일하다 보면 한 번씩 의문이 생긴다.

"교육부인가, 보육부인가."

2020년, 훗날 어떻게 기록될지 모르겠지만 코로나가 시작이자 끝임은 분명하다. 관계자들은 10년 뒤 교육이 앞당겨졌다고 표현한다. 미래 사회에서 이루어질 법한 온라인 교육이 실현되었기 때문이다. 학생들은 집에서 교사와 쌍방향 프로그램을 활용해 화상으로 조례와 종례 시간을 가진다. EBS 강좌, 자체 강의 녹화 등을 통해 비대면 수업이 자유롭다. 과제 제출은 구글을 비롯한 각종 온라인 플랫폼을 통해 이루어진다.

학교 일상도 달라졌다. 아침 8시 20분, 왁자지껄할 고등학교 교실이 비어있다. 잠긴 교실 문을 뒤로하고 담임 선생님들이 교무실에서 전화기를 붙잡고 있다. 눈 감고 소리만 듣는다면 콜센터라 해도 모를 정도로 통화 소리가 뒤섞여 시끌벅적하다.

"OO아, 일어나야지. 얼른 세수하고 수업 듣자. 오늘 아침 건강 상태 자가 진단 체크하고, 출석 확인용인 거 알지? 아침 꼭 먹고."

"OO아, 오늘까지 수학 과제 제출일인데 아직 안 했네, 오늘 중에는 할 수 있을까?"

하루 대부분이 이런 뒤치다꺼리로 이루어진다. 사회 나가기 전 가장 어른인(?) 고등학교에서 이루어지는 돌봄 활동에 선생님들이 전화기를 내려놓으며 한숨을 쉬신다. 자신이 고등학교 교사인지 어린이집 교사인지 모르겠다면서.

코로나 전 이런 말이 없었던 것은 아니다. 교편을 잡고 놀랐다. 아이들은 정말로 다양했다. 학창 시절에는 비슷한 부류 아이들끼리 어울린다. 가까운 친구들끼리 속내를 털어놓지만 다른 아이들 속사정은 알기 어렵다. 반대로 교사의 경우 대부분 집단과 소통하고 속속들이 알게 된다. 가장 마음이 가는 경우는 학교 밖에서 제대로 된 돌봄을 받지 못하는 아이들이다. 편모, 편부 가정이 한 학급 절반이 넘는 경우가 있다. 가정 형편이 찢어질 듯 어렵거나 보호자가 사회의 도움이 필요한 경우도 있다. 다문화 사회로 접어들며 적응에 도움이 필요한 학생도 많다. 이런 상황 속에서 교사는 자연스레 보육 기능을 수행하게 된다.

아침밥을 챙겨 먹지 못하는 아이들이 많았던 해가 있었다. 학년 선생님 한 분이 학급 아이들을 위해 토스트기를 가지고 오셨다. 아침마다 구운 식빵 위에 치즈와 햄을 얹어 끼니를 때울 수 있게 했다. 늘 지각하는 아이를 위해 아침에 학생 집을 찾아가는 분도 있었다. 집에서 30분 일찍 나와 등교를 챙기셨다. 가정 형편이 어려운 학생에게 용돈을 쥐여주고 편한 곳에 사용하라는 선생님도 있었다. 장학금처럼 대학 갈 때까지 매달 지원해 준 분도 봤다. 신문에 작게나마 미담으로 보도될 만한 일들이다. 어느 선생님도 그렇게 소개되는 것을 원하지 않으셨지만 말이다.

교육인가, 보육인가. 누군가 이야기한다. 그렇게까지 할 필요가 있느냐고, 자기들 사정이지 과도한 돌봄이 아니냐고. 오히려 주변 교사들에게 부담을 주는 행위라고 말한다. 어느 게 맞는 건지 모르겠다. 경계가 희미하다. 분명 교육보다 보육에 가까운 일들이 많다.

혼자 결론을 내린다. 학생에게 필요한 것이 무엇일지 1순위로 고민하자. 누군가에게는 보육이 필요하다. 다른 업무와 생활이 무너지지 않는 선에서 조금 품을 들이자. 선생님이 마련한 아침 간식에 해맑게 웃던 아이들 얼굴이 떠오른다. 영어 단어, 수학 공식 하나보다 마음이 담긴 빵 한 조각 가르침이 더 값지다. 어른이 되어 누군가에게 빵 한 조각 베푸는 사람이 되리라고 믿는다.

7

백 투 더 퓨처, 그 시절 선생님들

영화 <백 투 더 퓨처>를 좋아한다. 미래에서 과거로 돌아간 주인공이 젊은 시절 부모님을 만나 벌어지는 에피소드를 재미있게 풀어내 흥행한 걸작이다. 중·고등학교 친구들을 만나면 백 투 더 퓨처 주인공이 된다. 몇 번이나 반복해서 나눈 이야기지만 질리지 않는 추억들이 많다. 그 속에 학창시절 선생님들 이야기가 빠지지 않는다.

'삼 더'라는 별명 가진 선생님이 있었다. 우리가 지은 것이 아니라 수업 첫 시간에 스스로 자기 별명을 알려주셨다.

"반갑습니다. 제 별명은 '삼 더'입니다. 삼 더는 세 가지 '더'를 의미합니다. '더 많이', '더 자주' 그리고 '더 세게'… 뒤는 다 알지요? 잘 지내봅시다."

꽤 무서운 별명이지만, 선생님 수업은 희미한 기억 속에 즐거운 시간으로 남아있다. 나이가 많으셨지만 유머러스하셨다. 무엇보다 어려운 과학 용어를 쉽게 풀어내 주셔서 좋았다.

도덕 선생님도 기억에 남는다. 수련회 저녁 시간, 장기자랑을 하며 분위기가 달아올랐다. 담임 선생님들이 반 아이들에게 한 마디씩 하는 시간을 가졌다. 다른 선생님들은 쑥스럽게 애정표현을 하시고 덕담을 남겨주셨다. 뚜벅뚜벅 올라온 그분은 짧은 메시지를 전했다.

"1등… 아니면 2등… 아니면 3등."

덜 적은 게 아니다. 저 말만 남기고 내려가셨다. 어린 마음에도 참 특이하신 분이다 싶었다.

한문 선생님은 사춘기 남학생들이 좋아할 만한 이야기를 많이 해주셨다. 연애 이야기라든가, 지면에 담을 수 없는 이런저런 이야기라든가. 처음 한 달 정도 학급 친구들이 가장 좋아한 수업이었다. 시간이 지나며 어느 순간 시들해졌다. 농담 거리가 줄어들며 수업이 학생에게 긴장감을 주지 못했던 것 같다.

우리를 위함이라고 생각하지만 씁쓸한 미소를 짓게 되는 기억도 있다. 체벌 문제가 그렇다. 한 선생님은 시험이 끝나면 지난번 성적과 비교해서 내려간 점수 1점 당 한 대씩 사랑의 매를 주셨다. 번호 부르면 나가 엎드렸다. 눈길을 주지 않으시고 점수표를 보며 팔만 움직이던 모습이 떠오른다. 들어갈 때 반드시 '감사합니다'라고 인사해야 했다.

3월 초 분위기를 잡는다고 매서운 모습을 보이던 분도 있었다. 가정통신문을 잊고 가져오지 않은 아이들에게 엎드려뻗쳐 자세를 시킨 다음, 슬리퍼로 머리를 내려치셨다. 덕분인지 학년 시작 후 2주일 정도 학급이 조용했다. 그 뒤로는 늘 그렇듯 비슷했지만 말이다.

수학 선생님은 교실에 들어오면 칠판에 분필로 세로줄을 그으셨다.

"오늘 며칠이고? 4일이네. 4번, 14번, 24번, 34번, 5번, 15번."

달력 날짜에 맞추어 6명이 나가서 문제를 풀었다. 공부와 거리가 먼 친구들은 나가자마자 엎드렸다.

'팍, 팍, 팍'

소리가 멈추면 친구는 머리를 숙이고 자리에 돌아왔다. 쉬는 시간에 풀이를 외우려고 애쓰던 기억이 선명하다.

중학교 2학년 때 담임 선생님은 씩씩한 여자분이셨다. 목소리가 크고 늘 자신감이 넘치는 모습이었다. 시험 기간에는 주말에도 교실을 개방해 아이들을 공부시켰다. 지칠 때면 간식을 사주시고 자상하게 독려해 주셨지만 엄할 때는 무척 무서워서 남자 선생님 못지않았다.

담임 선생님은 체육을 담당하셨다. 첫 수행평가가 아직도 생각난다. 국민 체조처럼 몸을 풀 수 있는 스트레칭 운동 만들기였다. 몸 쓰는 일은 쥐약이었지만 도전할 만한 과제였다. 이 동작, 저 동작 섞어가며 나름대로 열심히 준비했다.

"창의적인 동작이 많고, 열심히 준비한 모습도 보이네. 수고했어."

칭찬과 함께 A+를 받았다. 열심히 준비했다는 말이 노력을 알아주시는 것 같아 기뻤다. 운동 잘하는 친구들보다 성적이 높았던 것도 뿌듯했다.

그해 여름, 어느 체육 시간이었다. 그늘에서 축구를 하는 아이들을 보며 쉬고 있었다. 어느새 옆에 다가온 선생님은 어깨동무를 하셨다. 나보다 키가 크셔서 감싸주시는 느낌이었다. 운동장의 우리 반을 바라보며 무언가 말씀하셨다. 몇 번이나 그 순간을 떠올리면서 조각을 맞춰본다.

"너희가 웃을 수 있는 학교를 만들 거야."
"최선을 다해서 너희를 가르칠 거야."

이런 말씀이었던 것 같다. 흐릿한 내용과 달리 그 순간의 이미지가 잊히지 않는다. 내리쬐는 햇살, 땀 흘리던 친구들, 이야기하며 웃음 지으셨지만 단호한 의지의 눈빛을 보인 선생님 얼굴이 가슴속에 남아있다. 멋있어 보였다. 선생님 마음이 전달되어서였을까.

백 투 더 퓨처, 과거를 여행하며 생각한다. 어떤 선생님이 기억에 남는지, 울림을 주셨는지 말이다. 학생들도 안다. 어린 나이지만 누가 진심인지 가식인지, 최선을 다하는지 아닌지 구분할수 있다. 나를 스쳐 간 아이들도 추억의 꽃피우며 이야기할 것이다. 이왕이면 좋은 내용이 많길 바란다. 나쁜 말은 없을 거라고 자신은 못하겠다. 어떻게 기억될까, 나라는 교사는? 두려운 질문이고 궁금한 대답이다.

과거를 통해 현재를 이해하고 미래를 준비할 수 있다. 지나온 경험을 통해 앞날의 모습을 상상한다. 교과 지식을 잘 가르친 선생님보다 마음을 알아주고 지지해 준 선생님이 기억에 남는다. 열정을 가지고 부딪혀 준 선생님이 좋다. 마음을 다시 한번 다잡는다. 내 제자들이 백 투 더 퓨처 하는 순간에 웃으며 맞아줄 수 있게 말이다.

<u>8</u>

교사는 괜찮은 직업인가

교사는 대한민국 중·고등학생들이 선호하는 장래 직업 순위 1위다. 초등학생 경우에도 2위에 올라있다.[1] 조사 결과마다 다소 차이가 있고 점차 선호도도 떨어지고 있지만 상위권임은 분명하다.

이유가 무엇일까? 우선 직업 안정성을 생각해 볼 수 있다. 교사는 공무원 혹은 그에 준하는 신분이기에 별다른 일이 없으면 정년이 보장된다. IMF 이후 사회 변화 유동성이 커지면서 직업 안정성은 선택의 큰 기준이 되었다. 성과를 위해 밤낮없이 일하거나 해고를 걱정하지 않아도 된다. 수직적 구조로 인해 고통받는 일도 드문 편이다.

두 번째로 사회적 시선이 있다. 학교생활을 평탄히 한 학생 즉 모범생이 교육·사범대학에 진학한다. 이후 자격시험을 통해 임용된다. 교사를 바라보는 눈은 '반듯함', '학교 다닐 때 공부 열심

---

1) 2019년 초·중등 진로교육 현황조사, 교육부

히 함'이 일반적이다. 큰 명예가 없어도 모날 것 없는 직업이다.

세 번째로 방학을 비롯한 여가 시간 이점을 들 수 있다. 1년에 한 달 내외 시간을 오롯이 자기 연찬이나 재충전에 활용할 수 있는 직업은 많지 않다. 자영업이나 직장인 경우에는 전무하다고 봐도 될 것이다. 여행을 다니거나 각종 연수에 참여하는 분들을 보고 있자면 직업적 이점이 와닿는다.

네 번째로 학생들이 가장 흔하게 접하는 직종이기 때문이다. 기본적으로 중학교까지 9년의 의무교육 기간을 거쳐 대부분 고등학교에 진학한다. 그 과정에서 수많은 교사를 만난다. 정보를 얻기 편하고 다가가기가 수월하다.

"고등학교에서 아이들을 가르치고 있습니다."라고 인사하면 위 이유 중에서 답변이 나온다.

"교사세요? 방학 진짜 좋겠다. 부러워요."

"요새 애들, 많이 힘들죠? 그래도 교사가 좋지. 안정적이고."

속으로 대답한다.

'교사, 좋은 직업 아닌데요….'

직업 안정성을 택한 대신 수입이 높은 편은 아니다. 먹고살기 부족하지 않지만 딱 그만큼이다. 배부른 소리라고 할 수 있겠다. 교대나 상위권 사범대 진학할 성적을 갖춘 학생이 비슷한 수준 대학에 진학해서 기업에 입사하거나 다른 전문직을 선택했을 때 비교하면 아쉽다는 말이다.

발전 가능성이 높은 편도 아니다. 열심히 한다고 수입이 상승하는 구조도 아니고 노력이 가시적 성과로 드러나지도 않는다. 교장과 교감을 제외한 모든 교사는 평교사로 평등하다. 승진하는 소수 교사를 제외한다면 시작과 끝 지위가 같다. 교육 활동은 매년 비슷한 학사일정으로 반복된다. 변화 없는 지위와 일상은 새로운 자극을 주기 힘들다.

방학을 비롯한 여가 시간은 분명 큰 장점이다. 다만 대부분 교사는 학기 중 연가 사용이 제한된다. 내 수업, 우리 반 아이들이 있는데 사용하기 쉽지 않다. 휴가를 위한 평일 연가 사용은 한 번도 본 적이 없다. 방학은 생존을 위한 재충전 시간이기도 하다. 교사는 학생에게 끊임없는 관심과 애정을 가져야 한다. 원해서 담당한 아이가 아니지만 담임을 맡고 수업에 들어가니 도리가 없다. 마음 상하는 일이 부지기수고 정신적 스트레스가 극심하다.

"방학이 지나야 다시 아이들을 사랑하는 마음이 생겨요."라는 말이 단순한 우스갯소리가 아니다.

각종 민원의 대상이 되기도 한다. 학교에 대해서 안다고 생각하니 말할 여지가 무궁무진하다. 가끔 인터넷 기사 댓글 중 "교사는 아무 눈치 안 보고 자기 마음대로 한다."라는 내용이 있다. 그랬으면 좋겠다. 단 한 명 민원 전화에 학교 전체 회의가 열리기도 한다. 절차상 문제로 결과가 미흡할 순 있어도 교사 마음대로 할 수 있는 건 거의 없다.

작년 일이다. 수업 전 쉬는 시간에 교탁 앞 학생과 잠시 대화했다. 경상대학 진학하여 무역 관련 직종을 희망하는 학생이었다.

"OO아, 선생님은 어때, 평소 친구들한테 설명도 잘해주고 꼼꼼한 모습 보면 잘 어울리는데?"

"싫어요, 쌤."

"왜 싫어?"

아이가 대답했다.

"쌤들, 너무 불쌍해요."

웃으며 지나갔지만 마음이 씁쓸했다. 하긴 평소 학교 모습 다 볼 텐데, 느끼겠지 싶었다. 수업을 마치고 교무실로 돌아가면서 질병으로 휴직하거나 학교를 떠난 선배 선생님들을 생각했다. 선생님에게 폭언, 폭력, 협박을 가하던 학생부터 뉴스에나 나오는 사건을 저지른 학생, 감당하기 힘들었던 학부모님들도 떠올랐다.

교사를 지망하는 학생들이 한 반에 한 명 정도는 있다. 때로 사담을 나누면서 교직에 대해서 이야기한다. 있는 그대로 이야기해 줄 수는 없지만, '좋은' 직업은 아님을 말한다. 아이들이 웃는다.

"쌤이 교사면서 그렇게 말하는 게 어디 있어요."

"사실인데 뭐… 안 좋아. 하지 마 ㅋㅋ."

대화 마지막에 슬쩍 덧붙인다.

"그래도 괜찮은 직업이긴 해. 정말 하고 싶다면 추천해."

'좋은' 것과 '괜찮은' 것은 다르다. 판단은 본인 몫이다. 교육 실습을 지도해 주셨던 선생님이 마지막 날 인사하며 하신 말씀을 잊지 못한다.

"선생님들, 세상에 좋은 직업 많아요. 아직 늦지 않았어요."

아, 저는 늦어버렸습니다.

선생님 발자국을 묵묵히 뒤따라가는 수밖에 없겠습니다.

Part
2

6년 차
신입 교사의 속사정

1

매년 한 명만이라도

한 명 학생 인생에 한 명 교사가 미치는 영향은 얼마나 될까?

1년 차를 돌이켜본다. 먼저 생각나는 것은 건물 최상층 4층에 위치했던 학년 교무실이다. 특이하게 2학년이 4층 학년실을 사용하고 1·3학년은 1층 교무실을 사용하는 구조였다. 4층 학년실은 여름에 덥고 겨울에 추운 쾌적한(?) 공간이었다. 나를 포함해 6명 선생님이 근무했다. 가장 안쪽 창가 앞에 학년 부장 선생님 자리가 있고 수직으로 6개 책상이 마주 보고 있었다.

학년 부장 선생님 오른쪽 앞자리가 내 자리였다. 앉으면 교무실 입구 문과 소파가 있던 창문이 보였다. 눈 감으면 햇살이 내리쬔다. 소파 갈색 가죽이 햇빛을 받아 진해진다. 커피 향이 교무실을 은은하게 맴돌았다. 아침 시간에는 담당 학급에 들어갔다. 이후 수업은 제각각이라 모두 만나는 시간은 아이들 집에 가고 1시간 정도였다. 짧은 시간이지만 하루를 돌아보고 소소한 이야기하는 것이 퍽 좋았다.

학년 부장 선생님은 온화한 분이셨다. 첫해 옆에서 많은 것을 배웠다. 아이들 마음을 헤아리고 조곤조곤 대화하시는 전문가였다. 몇 번이나 감탄했는지 모르겠다. 내뱉은 말, 저지른 행동을 후회하기 바쁜 초보 교사인 나로서는 과장 없이 태산처럼 높아 보였다.

우리 반 아이들도 기억에 남는다. 처음 담임 맡은 학생들에 대한 기억이 오래갈 거라고 많이들 이야기하셨다. 생각해보면 확실히 그 해 그 반 아이들에겐 조금 다른 느낌의 추억 향기가 난다.

어렸을 적 좋아했던 만화 중 '반항하지 마'라는 일본 만화책이 있었다. 선정성과 폭력성, B급 유머 적절히 버무려 또래 남자아이들에게 인기였다. 스토리는 간단했다. 폭주족 출신 주인공이 사립 학교 교사가 되어 기피 학급을 담당한다. 교실에는 어른을 불신하는 초특급 문제아들이 모였다. 거친 아이들이지만 알고 보면 저마다 고민과 문제 상황이 있다. 주인공은 기성세대와 다르게 아이들을 이해하고 초인적인 힘을 발휘하여 골칫거리를 해결해 준다. 달라진 학생들이 주인공을 멋진 선생님이라고 부르고 따른다.

지금 보면 유치하기 짝이 없고 내용도 비현실적이다. 그때는 참 재미있었다. 남자라면 누구나 한 번씩 슈퍼맨 되기를 꿈꾼다. 만화 속 주인공은 슈퍼 교사였다. 스스로를 GT(Great Teacher)라고 불렀다. 첫 시작하던 그때, GT가 되고 싶었다. 아이들 마음 공감해 주는 친구 같은 선생님, 현실 문제 척척 해결해 주는 슈퍼맨의 모습을 원했다. 신규교사의 철모름과 열정으로 나름 이것 저것 많이 했다. 아이들도 마음을 알아주리라고 믿었다.

무기력한 아이가 있었다. 학교에 와서 하는 일이라고는 잠자는 것뿐이었다. 과제 미제출, 수업 미참여로 꾸중 듣는 것이 일상이었다. 집안 사정도 좋지 않았다. 조금 더 삶을 주체적으로 살아가길 바랐다. 큰 소리 내보고, 남겨 보고, 상담하고, 윽박지르다 달래기도 했다. 1년이 지났지만 변하는 건 없었다.

화장에 목숨 거는 아이가 있었다. 청소년기 여자아이들 대부분 화장을 한다. 그 아이는 개중에서도 조금 심했다. 가부키 배우 같았다. 화장이 그 아이에게는 자신을 드러내는 수단이었나 싶다. 평소 대화를 많이 하고 수업에도 잘 참여했다. 그렇지만 학교 규정상 화장 이야기를 할 수밖에 없었다. 지적은 어느 순간 마음 다치는 일로 연결되었다. 아이 화장은 그대로였고 관계만 소원해졌다.

늘 지각하는 아이도 있었다. 아직 어릴 때 시간관념 잡아줘야겠다고 생각했다. 보호자와 통화하며 가정에서도 교육을 부탁했다. 집에서 노력을 하지만 아침에 일 가시는지라 제때 챙기기 어렵다고 하셨다. 남겨서 청소를 시키고 반성문을 쓰게 했다. 간식을 주면서 회유도 해보았다. 결과는 마찬가지였다.

학년 중순이 지나, 말에 가까워지면서 조금씩 포기하게 되었다. 하루 종일 옆에 붙어 훈육할 수는 없었다. 지시가 절대적이라 아이들이 껌뻑 죽는 것도 아니었다. 계속되는 부정적 대화는 학생과 내 마음을 상하게 하고 관계를 불편하게 했다. 삐걱거림이 다른 쪽으로 옮겨갔다. 수업에 참여하지 않거나 일상 대화까지 어려워졌다. 말하자니 부딪히고 하지 않자니 마음이 불편했다. 외나무다리에 서서 오도 가도 못하는 기분이었다.

고민하다 학년 부장 선생님께 조언을 부탁드렸다. 선생님은 차 한 잔 내어주시면서 차분히 들어주셨다.

"선생님, 마음 많이 상했겠어요. 생활 지도는 항상 어려워요. 아이들이랑 충돌하게 되니까요. 나도 예전에 그랬어요. 바른길로 가라고 하는데 왜 몰라줄까. 말 안 하자니 교사로서 잘못하는 거 같고. 고민했지요."

"제가 그 심정이에요. 어떻게 해야 할지 모르겠어요."

"고민하는데 남편이 그러더라고요. '큰 욕심 가지는 거 아니냐, 너는 예전에 어른들이 말하면 바로 바뀌었냐고.' 들으니까 진짜 그런 거예요. 우리랑 만나기 전 아이들이 십수 년 살아온 시간이 있어요. 말 한마디에 변하는 게 더 어려운 일 아닐까요? 그때부터 생각을 바꿨어요. '1년에 한 명이라도 바뀔 수 있게 하자. 지금 당장 변화하지 않아도 우리가 한 말들, 관심이 아이들한테 남아있을 거라고 믿자.' 이렇게 말이에요."

학년 부장 선생님의 말씀은 콜럼버스 달걀처럼 다가왔다. 신대륙 항해를 마치고 돌아온 콜럼버스를 축하하는 파티가 열렸다.

몇몇 이들은 그의 업적을 '누구나 할 수 있는 일'이라고 폄하했다. 이에 콜럼버스는 사람들에게 달걀을 세워 볼 것을 요구했다. 아무도 세우지 못하자 콜럼버스는 달걀을 살짝 깨뜨려 탁자 위에 세웠다. 달걀은 세울 수 없다는 관념을 바꾼 것이다.[2]

'하긴 내가 뭐라고. 매년 한 명에게만 좋은 영향을 주어도 퇴직하기 전 30명은 되겠다. 그 정도면 가치 있는 삶이지.'

시선이 변하니 아이들이 다시 보였다. '바뀌길 바라는 모습' 말고 '현재 아이들 모습'을 보려 했다. 장점 많고 매력 넘치는 아이들이었다. 변하리라고 믿으며 지켜봤다. 중학교 2학년 풋내기들이 고등학교에 갈 때가 되자 달라졌다. 성격이 밝아진 아이, 마음잡고 열심히 살아가는 아이가 보였다. 다들 조금씩 꿈틀대며 성장하고 있었다. 빠르고 느린 차이가 있을지언정 말이다.

한 명 학생 인생에 한 명 교사가 미치는 영향이 어느 정도일지 모르겠다. 매년 한 명에게라도 긍정적인 영향을 줄 수 있길 기도할 뿐이다.

---

2) 이한영, 『너 이런 경제법칙 알아?(네이버에서 가장 많이 검색한 경제학 키워드 100)』, 21세기북스, 2016.

2

다시 베푸는 어른이 될게요

직업은 존재 자체로 목적성을 가진다. 사업가는 이익을 추구한다. 손익이 마이너스(-) 된다면 사업 실패다. 의학의 목적은 병 예방과 예측, 치료다. 아픈 사람이 없다면 대부분 병원은 사라질 것이다. 헤어 디자이너는 머리를 연출하고 손질한다. 사람들 머리카락 자라지 않는다면 미용실 대부분은 문을 닫아야 할 것이다.

교직의 목적은 무엇일까, 교사는 무엇을 위해 사는가. 다른 말로 풀자면 어떤 것을 남기느냐가 될 것이다. 대학 시절 왜 교사가 되고 싶냐는 질문에 대해 많은 답변을 들었다.

"어렸을 때부터 교사가 꿈이었어요. 아이들 가르치는 모습이 너무 멋져 보여서요."
"공무원이니까 안정적이잖아요."
"다른 잘하는 일 없어서요. 공부하다 보니 성적에 맞춰왔어요."

세 가지 유형이 많았다. 10명 중 7~8명은 이렇게 대답했다.

"다른 사람에게 좋은 영향을 주는 가치 있는 직업이라고 생각해요."
"학창 시절 선생님에게 도움을 많이 받아서 어려운 환경의 학생들에게 되돌려주고 싶었어요."

간혹 이런 답변도 나왔다. 어떤 것이 정답일까?
우문(愚問)이다. 모두 정답이니까. 개인이 직업 선택하는 것을 가치 판단할 수는 없다. 질문을 바꿔보자. 교사의 존재 목적에 대해 이야기한다면 어떨까.

교육의 정의를 사전에서 찾으면 다음과 같다.

교육(教育): 지식과 기술 따위를 가르치며 인격을 길러 줌.[3]

교사는 교육 제공 주체이고 학생은 서비스 대상이다. 교육의 정의와 합쳐서 존재 목적을 말하면 이 정도로 정리할 수 있다.
"교사는 학생에게 지식과 기술을 가르치고, 인격을 길러 주기 위해 존재한다."

쉼표로 문장을 나누었다. 우리 사회는 문장 속 쉼표 앞부분에 집중한다. 흔히 말하는 좋은 학교는 지식과 기술 습득에 힘을 다하는 곳이다. 정량적으로 결과가 눈에 보인다. 고등학교 경우를

---

3) 네이버 어학 사전.

예로 들어보자. 인문계 고등학교는 입시 결과, 특성화 고등학교
는 취업 결과를 바탕으로 성과를 평가한다. 훌륭한 실적은 현수
막에 게시된다. 현수막 속 학생들이 얻은 스무 살 지위가 학교
이름값이 되어 회자된다. 이런 곳들은 선호 학군이 되어 주변 부
동산값이 오르기도 한다.

　우리는 알고 있다. 학교에서 신경을 써야 하는 것은 지식이나
기술 한 토막이 아니라 아이의 인격 함양이다. 문제는 인격이라
는 것이 눈에 보이지 않는다는 점이다. 각급 학교에서 매년 수
십 시간 교과 외 교육을 실시한다. 인성 교육, 안전교육, 학교폭
력 예방 교육 같은 것들 말이다. 하지 않는 것보다야 낫겠지만
형식적일 때가 많다. 어떻게 하면 실제적인 교육이 될까 고민하
게 된다.

　담임 교사로서 비슷한 걱정을 한다. 학급 아이들이 어떻게 하
면 타인을 배려하고 자기를 사랑하는 사람이 될지 생각한다. 머
리를 짜내서 이런저런 활동을 해본다. 의도와 다른 반응이 나올
때면 힘이 빠진다. 선의 가진 말이 곡해되어 학생과 나 양쪽 모
두가 상처받기도 한다. 매년 비슷한 주제의 활동을 반복하지만 1
년 더 어린아이들과 1년 더 나이 든 내가 마주한다. 벌어진 시간
만큼 아이들은 먼 존재다.

　옛 제자가 스승의 날을 맞아 연락이 왔다. 첫 제자여서 늘 마
음이 가는 아이다.

"선생님, 스승의 날 축하드려요. 얼굴은 못 뵙지만 항상 감사합니다."

"고맙다, 건강 챙기렴. 사랑하는 1호 제자야^^."

"쌤 언제나 1호 제자라는 말이 너무 좋아요. 제 기억에 선생님은 열정과 사랑으로 가득한 분이세요!! 그래서 그 시절을 되돌아보면 선생님과 친구들과 재밌게 웃었던 기억만 나요. ㅎㅎ 이게 다 선생님 덕분입니당. 늘 선생님께 받은 사랑 마음에 품고 예쁘게 성장해서 다시 베풀 수 있는 멋진 어른이 될게요. 쌤 진짜 사랑하고 고맙습니당♥."

순간 멍했다. 맹세하건대 교사가 되고 들었던 가장 벅찬 말이었다. 다시 베풀 수 있는 사람이 된다는 말보다 더 가치 있는 말을 들을 수 있을까?

교직 목적의 답은 모르겠다. 적어도 그 해, 그 아이에게만큼은 목적을 달성했다 싶다.

누군가 왜 교사하고 있느냐고 묻는다면 대답할 말이 생겼다.

"다시 한번 듣고 싶어서요. 베풀 수 있는 어른이 된다는 말."

3

어깨가 빠지는 허탈함 속에서

'마음이 자라는 학교'라는 이름의 대안 학교가 있었다. 일반 학교에서 적응이 어려운 학생들의 교육을 담당하는 곳이다. 근무하는 선생님의 강의를 들은 적 있다. 대안 교육 필요성과 함께 학교 프로그램에 대해 안내해 주셨다. 강의 중간 선생님이 학교 이름을 빗대어 농담하셨다.

"학생들 마음은 자라지만 교사는 마음 다치는 학교지요."

A는 인사성이 밝고 싹싹한 아이였다. 초롱초롱한 눈망울로 수업을 들었다. 모르는 내용이 있으면 바로 질문했다. 모둠 활동에서 주도적으로 과제를 수행했다. 발표과제가 있으면 적극적으로 참여했다. 항상 웃는 얼굴에 덩달아 기분이 좋았다. 한 마디로 참 예쁜 학생이었다.

하루는 A가 찾아와 상담하고 싶다고 했다. 따뜻한 차를 한잔 내어주며 마주 앉았다.

"요즘 친구들이랑 사이가 좀 안 좋아졌어요."

시작된 이야기는 수십 분 이어졌다. 그 뒤로 몇 번 다시 만났다. 담임은 아니었지만 아이가 찾아오면 시간 내어 이야기를 나누었다. 때로는 별다른 말없이 가만히 있다가 가기도 했다. 한 달 정도 지나니 고민이 해결되었는지 오는 빈도가 줄었다. 다행이다 싶었다.

그쯤 A의 SNS를 우연히 볼 수 있었다. 잘 지내는가 싶어 글, 사진 몇 개를 보았다. 한 게시물에서 멈췄다. 나에 대한 불만이 비속어를 섞어 표현되어 있었다.

'아, 이런 생각을 하고 있었구나.'

잠시 멍해졌다. 스크롤을 내리니 익숙한 이름들이 댓글을 달고 웃고 있었다. 고민했다. 어떻게 해야 할까.

1. 대면해서 SNS를 통해 공개적으로 타인을 비난하는 것이 잘못된 일임을 알려준다.
2. 대면해서 SNS를 통해 공개적으로 나를 비난한 것에 대해 꾸짖는다.
3. 그럴 수 있지. 못 본 척한다.

여러 선택지가 떠올랐다. A를 불러 불만에 대해 다독이고 서운한 마음에 공감하며 대화를 나누는 게 맞을 것 같았다. 부끄럽지만 선뜻 그러기 싫었다. 괘씸한 마음이 먼저 들었다. 시간을 내서 마음 들어준 아이가 뒤에서 그런 말을 했다니 섭섭했다. 한편으로 SNS 글을 확인하고 말하는 게 적절한 일인가 싶기도 했다. 그 뒤로 한동안 학교에서 A를 보며 표정 관리가 힘들었다. 나아가 그 글에 댓글을 단 아이들까지 괜히 멀어지는 기분이었다.

비슷한 경우가 종종 있다. SNS에 나에 대해 비난을 올린 학생과 그런 행동은 잘못되었다며 나를 옹호하던 학생들 사이에 갈등이 생겨 집단 상담을 받은 적도 있다. 마음고생 하던 나에게 동료 선생님이 말씀하셨다.

"선생님, 학생은 학생입니다. 너무 마음 주지 마세요. 거리 두는 게 나아요."

'네'라고 대답했지만 속으로 의문부호가 들었다. 이후 몇 번 더 데이고 나니 조금 이해할 수 있었다. 벽에 공을 던지면 다시 돌아온다. 마찬가지로 마음을 주면 무언가 기대하게 된다. 기대는 실망 낳고, 실망은 다시 기대하지 않게 한다. A와의 일처럼 진심을 다했는데 돌아오는 게 상처라면 처음부터 거리 두는 것이 맞을지 모른다. 신규교사의 뜨거운 열정이 시간이 지나며 식어가는 이유를 알 것 같았다. 어깨가 빠지는 허탈함이 느껴졌다.

한참 고민할 때 글 서두에 언급한 강의를 들었다. '마음 다치는 학교'라 농담한 선생님은 웃음을 지우고 진지한 얼굴로 말을 이어가셨다.

"아무래도 학교 구성원이 구성원이다 보니, 사고 치거나 혹은 그냥 안 나오거나 해서 졸업을 못 하는 아이가 많습니다. 하지 않기로 약속을 백 번 하고 백 번 어깁니다. 마음을 다치지요. 정말로 가끔 기운이 빠지고 멍해집니다. 한 번씩 무슨 소용인가 싶기도 합니다. 근데 아직 아이잖아요. 거짓말 좀 하고 사고 쳐도 어쩌겠습니까. 변한다 믿어야지요. 달라지는 거 봤고요. 정말 힘들었던 아이가 졸업하면 큰 보람입니다."

A와의 일이 자연스레 떠올랐다. 다음 날 A를 불러 이야기했다.
"요즘 잘 지내니? 한동안 못 봤네. 고민하던 일 잘 풀렸어?"
"네, 요즘 별일 없어요. 다 잘 풀린 거 같아요."
"맞나, 다행이다. 쌤이 항상 응원하는 거 알지?"
"네. 감사합니다."
"참, 수업이나 이것저것 쌤한테 하고 싶은 말, 서운한 일 있음 언제든 말해줬으면 좋겠어. 그래야 쌤도 알고 고칠 건 고치지."
"네."
"그래, 다음에 보자. 좋은 하루 보내고."

SNS를 언급하지 않았다. 괜히 들추어내고 싶지 않았다. 너를 믿고, 응원한다는 이야기만 전하고 싶었다.

분명 1년 차 때와 지금 학생을 바라보는 시각은 같지 않다. 여러 가지 일 속에서 바뀌어 갔다. 아직 여물지 못한 교사라 갈대처럼 마음이 흔들린다. 다시 되새긴다. 아이는 아이다. 실수도 하고 감정 주체를 못 할 수 있다. 바른 방향으로 변할 수 있다고 믿어주는 게 교사 역할이다. 어깨가 빠지면 다시 끼우면 된다. 몇 번이고 할 수 있다.

4

최선이라고 생각했지만,
최선이 아니었다

사회적 관계 기본은 신뢰와 기대다. 신뢰는 암묵적인 사회적 계약을 상대방도 지킨다는 약속에 근거한다. 기대는 신뢰를 바탕으로 행동하겠지라는 믿음이다. 목욕탕에서 상대방이 탕에 들어올 때 옷 벗고 샤워를 마친 후 들어올 것이라고 기대한다. 사회적으로 합의한 규칙이기 때문이다.

사람 사이 관계도 마찬가지다. 내가 이렇게 하면 상대방은 이렇게 반응하겠지 하는 기본적 기대가 있다. 문제는 기대에 대한 반응이 주관적이라는 것이다. 연인 사이에서 준 만큼 받지 못해 서운한 마음이 커져 관계에 문제가 생기는 일이 흔하지 않은가. 교사와 학생 관계도 비슷한 면이 있다. 좋은 의도를 가지고 최선을 다해 행동했더라도 받아들이는 쪽이 어떤 생각을 할지 알 수 없다. 기대와는 다른 일들이 일어나기 마련이다.

그 해 담당했던 학급은 성적이 좋지 않았다. 점수가 중요한 건 아니라고 믿는다. 다만 담임을 맡게 되면 다른 학급과 비교해서 우리 학급이 뒤처질 경우 괜스레 속상한 마음이 든다. 특히 이 해는 학급 평균이 다른 반에 비해 많이 낮은 편이었다. 특정 교과의 경우 반 평균이 20점 가까이 차이가 났다.

가만히 있을 수 없었다. 아이들에게 상황이 이렇다는 것을 알렸다. 다음 시험을 열심히 준비해보자고 독려했다. 예나 지금이나 학생들이 가장 싫어하는 건 집에 늦게 가는 것이다. 채찍으로 쓰기 적절했다. 아침 시간 학급 칠판 좌측에 하루 공부할 주요 교과 개념을 적어두었다. 종례 때 테스트하고 통과하지 못하면 남아서 재시험을 치렀다.

성적 하위권 학생들은 남는 게 일상이었다. 학습 부진이 심각한 몇 명은 어벤저스라고 부르며 특별 관리했다. 간식을 주고 응원해가며 공부시켰다. 상위권 학생들은 따로 불러내 교과마다 예상 문제를 만들게 했다. 시험 문제를 예측해보는 게 본인뿐 아니라 학급 친구들에게 도움이 된다고 부탁했다. 시험 기간 동안 방과 후 2~3시간씩 나머지 공부가 이어졌다.

시험일이 다가왔다. 결과는 놀라웠다. 20점 차이 나던 과목이 학년 2등으로 순위가 껑충 올랐다. 나머지 과목도 상승했다. 아무래도 학습에 관심 없던 중하위권 아이들이 기초적인 내용을 익히고 시험 친 것이 주효했던 것 같다. 함께 자축하며 다음에도 힘내보자고 격려했다.

다음 시험 기간이 찾아왔다. 이번에도 지난번 비슷하게 준비했다. 과목별로 테스트했다. 통과하지 못하면 남아서 학교 도서관에서 공부시켰다. 아이들 돌보고 테스트하는 건 이번에도 내 역할이었다. 퇴근 시간이 늦어졌지만 도움이 되리라고 믿었다. 그리고 하나둘씩 알아차리지 못했던 문제들이 드러났다.

"선생님, 저 학원 때문에 이번에는 남아서 못할 것 같아요."
"그렇구나. OO아. 그런데 학원은 시험을 준비하고 잘 치르기 위해 가는 거잖아?."
"네."
"학교 테스트를 합격하지 못했고, 그 테스트가 시험 범위 안 내용인데. 이게 더 중요하지 않을까? 공부해서 통과하고 학원에 갔으면 좋겠어."

학원 수업과 일과 후 재시험이 부딪혔다. 한두 번 재시험을 치르게 했지만 계속해서 잡아둘 수 없었다. 학원 시간이 촉박한데 테스트를 통과하지 못하면 아이 얼굴에 불만이 피어났다. 다른 문제도 있었다. 남아서 공부하는 게 익숙해진 아이들이 요령을 부르기 시작했다. 학교 사정 상 저녁 7시 이후에 남길 수 없다는 것을 알아 챈 녀석들이 포기하고 놀기 시작한 것이다. 마음이 떠난 아이들을 어찌할 수 없었다. 내 성적 아니고 자기들 위해 남아서 고생하는데 마음을 몰라주니 야속했다.

불씨는 다른 곳에도 피어났다. 생활 지도로 한 아이와 갈등이 생겼다. 마음이 상했는지 그 뒤 학년 바뀔 때까지 거리가 생겼다. 아이 주변 무리와도 멀어졌다. 지면에 적을 수 없는 여러 일들이 겹쳤다. 어느 순간 학급 아이들과 소원해졌다.

행정 업무량이 많은 해였다. 집단 상담이나 개별적 대화로 마음을 풀 여유가 없었다. 무언가 잘못되었다 싶었지만 해결하지 못했다. 그 해는 그렇게 끝이 났다. 주말에 시간 내어 학급 활동으로 연극을 보러 갈 만큼 잘해보려 애쓰고 신경 쓴 아이들이었다. 기대한 대로 된 것이 없었다. 교직 생활 중 아이들과 가장 멀어지고 어려웠던 일 년이었다.

시간이 지나 그때 아이들의 이야기를 들었다. 이런저런 불만이 많았다고 한다. 남아서 공부하는 게 참 싫었다고 했다. 좋은 의도로 한 일도 부정적으로 받아들여진다면 하지 않는 것보다 못하다 싶었다. 그때 최선을 다 했냐 묻는다면 자신 있게 그렇다고 대답할 수 있다. 그것이 최선이었냐고 묻는다면 아니라고 말해야 할 것 같다.

돌이켜보니 아쉬운 지점이 많았다. 대화를 통한 합의 과정이 없었다. 아이들 생각이 아니라 내 의지로 이끌었다. 너희를 위한 길이라고 밀어붙였다. 아이들 감정을 고려하지 않았다. 오르는 점수에 우쭐했나 보다.

"우리 반 자체 테스트 치러서 공부해보면 어떨까? 남아서 간식 먹으면서 함께 공부하면 능률도 오르고 서로 힘을 받을 수 있지 않을까?"

이렇게 이야기했다면 어땠을까. 에이, 그럼 당연히 안 하겠지라고 할 수 있겠다. 원하지 않는다면 존중하는 것이 맞지 않을까, 왜 공부하고 싶지 않은 건지 살피는 게 우선순위가 아닐까?

다들 어떻게 지내니?
쌤 나름대로 애썼는데 미안하다, 얘들아. 잊지 않고 있단다.
다들 잘 지내길 진심으로 바랄게.

5

오겡끼데스까,
기억 속 선생님들에게

"나는 너희가, 너희에겐 내가 스며들어 묻어간다. 그거 알아?"
가끔 입버릇처럼 하는 말이다. 사람이 사람에게 속으로 배어
간다는 말이 좋다. 자각하지 못한 상태에서 닮아가고 영향을 주
고받는다. 교사는 학생에게, 학생은 교사에게서 배운다.

시야를 조금 더 넓힌다. 학생이 학생과, 교사가 교사에게 묻어
간다. 공자가 말하길 세 명이 길을 걸으면 반드시 한 명의 스승
있다고 했다(三人行 必有我師焉). 교사로서 만나게 되어 기억에 남
는 선생님이 많다.

첫해 내 사수 역할을 해준 분은 옆자리 국어 선생님이셨다. 어
리바리한 나를 항상 'S급 신규교사'라며 장난스레 치켜주셨다.
아닌 듯하면서 세심하고 자상하셨다. 학교생활기록부에 담임 교
사가 입력해야 하는 내용을 가르쳐 주실 때 나이스(neis) 시스템
의 메뉴 버튼 하나하나 모두 정리해서 알려주실 정도였다. 학생
한 명이 선생님에 대해 이런 말을 했다.

"국어 선생님은 수업 시간에 재밌으신데 평소에 다가가기가 어려워. 그래서 신기해."

곱씹어 보면 멋진 거리 두기 아닌가 싶다. 학생들에게 친근하게 대하면서도 권위를 잃지 않는 모습이 아닌가.

한문 선생님은 내가 아는 한 한문 수업을 가장 재밌게 하시는 분이었다. 수업의 흥미를 높이기 위해 다양한 수업 방법을 고민하시던 모습이 생각난다. 가끔 아이들에게 노래 부르기 벌칙을 시키셨다. 어떻게 사춘기 아이들이 부끄럼을 무릅쓰고 노래 부르게 하시는지 신기했다.

학급 경영에 있어서도 그랬다. 선생님이 담임을 맡은 학급은 시간이 지나면서 안정화되고 아이들이 차분해졌다. 함께 근무한 4년 동안 한결같았다. 따라가기 요원한 선생님 지도력이 부러울 따름이었다. 목소리 내야 할 때 용기를 내시던 분이기도 했다. 학교에 논의할 일이 있으면 언제나 다른 선생님들을 대변해 앞장서주셨다.

학년 부장을 맡으셨던 A 선생님은 강함과 부드러움 모두 가진 분이었다. 아이들 사랑하는 마음이 온전히 느껴졌다. 학년 학생들도 잘 따랐다. 거친 아이들이 대다수인 학교 근무 경험이 많으셨다고 했다. 그래서인지 아이들 마음을 읽고 이끄는 데 도사셨다. 언젠가 시험 첫날 그 반 아이들 성적이 좋지 않았다. 종례하며 정신교육과 함께 선생님은 핸드폰을 수거하셨다. 다음 날 아이들 성적이 수직으로 상승했다. 공부 의욕을 불러일으키면서 핸드폰을 거두는 일을 자연스럽게 동의 받는 노하우에 감탄한 기억이 난다.

또 다른 학년 부장 B 선생님은 따뜻한 어머니 같은 분이셨다. 시험 기간이면 늘 학생들 먹을 간식을 포장해 챙겨주셨다. 학급 학생들 한 명 한 명 진심으로 아끼고 희로애락을 함께 공감하셨다. 규칙 적용이 엄격하면서 마음을 다치지 않도록 배려하는 균형 감각을 배우고 싶었다. 수업 연구에 일가견이 있으셔서 동교과 선생님들 수업 활동지를 도맡아 챙겨주시기도 했다. 버릇처럼 나이가 들면 아이들과 공감대 형성이 어려워 퇴직할 거라고 말씀하셨지만 늘 학교에 계셔주시길 마음속으로 바랐다.

동교과 선배 선생님은 척척박사 같았다. 어려운 교과 내용을 일목요연하게 정리해 아이들 눈높이에 맞게 설명하고 다양한 수업 방법으로 흥미를 돋우셨다. 시험 문제 출제, 수업 장학 준비, 업무적으로 막힐 때 네이버 지식인 찾듯 선생님께 여쭈었다. 기다렸다는 듯 술술 답해주셨다. 항상 따뜻하고 사려 깊은 말로 용기를 북돋아 주셔서 감사했다.

윤리 선생님과 기술 선생님은 까마득한 선배 교사셨다. 기술 선생님은 정년 퇴임식에 참여해서 마지막 인사를 드리기도 했다. 두 분의 공통점은 선배 교사로서 후배 교사에게 조언을 해주시되 참견하지 않으셨다는 것이다. '나 때는~'으로 시작하는 꼰대 유머가 유행인 사회 분위기 속에 선배 교사로서 어떤 모습이어야 하는가 보여주는 롤 모델 같으셨다. 방과 후 아이들 자습 감독같이 학교 일손이 필요할 때 늘 먼저 지원하셨다. 손자,

손녀뻘 아이들과 스스럼없이 어울리셨다. 아이들도 선생님을 좋아했다. 학교에 든든한 버팀목 같은 분들이었다.

관리자분들 중에서도 존경할 만한 분이 많았다. 여름 어느 날이었다. 저녁 시간 복도에서 학생 두 명과 동아리 관련해서 의논을 하고 있었다. 길어지는 와중에 교장 선생님이 지켜보고 계신 것을 느꼈다. 멀리 떨어져 있어 따로 인사드리지 않고 대화를 이어갔다. 오 분쯤 지났을 때였다.

"선생님, 죄송합니다만 잠시 아이들과 이야기 좀 해도 되겠습니까?"

교장 선생님 목소리였다. 이야기를 끊고 잠시 본인 말씀하셔도 될 터였다. 정중하게 의사를 물어 주시는 교장 선생님께 놀랐다. 존중받는다고 느껴졌다. 아랫사람을 배려한다고 백 번 말할 수 있다. 한 번 행동은 백 번 말보다 교장 선생님에 대한 존경심을 키워주었다.

언급하지 못한 많은 분들이 계신다. 따로 책 한 권을 쓸 수 있을 것 같다. 신규교사의 멘토로서 많은 분들이 도움을 주셨다. 분에 넘치게 아껴주셔서 여기까지 왔다. 나에게는 선배 선생님들이 묻어있다. 마음 한구석 든든한 자신감이 된다. 한편으로 후배 선생님에게 선배님들 반이라도 묻을 수 있었으면 좋겠다는 바람을 가진다.

90년대 유행했던 영화 러브레터 여주인공 대사를 빌려 선생님들께 인사를 전한다.

오겡끼데스까(おげんきですか), 잘 지내십니까.

늘 건강하시고 다시 찾아뵙겠습니다.

6

재미는 없지만 착하세요

"재미없으시지만 착하시고…"

예전 동료 선생님 한 분이 나에 대해 이야기하다 나온 말이다. 대화를 마친 후 교무실로 돌아왔다. 자리에 앉으며 과거 기억을 떠올렸다.

고등학교 시절 선생님을 교사가 되어 교장 선생님으로 다시 만났다. 옛 제자가 반가우셨는지 이런저런 좋은 말씀을 해주셨다. 그중에서 평판에 대한 이야기가 있었다.

"학교 일은 낯선 것이지 어렵지 않습니다. 신규 시절 이것저것 피하지 않고 열심히 배우길 바랍니다. 그러다 보면 교직 사회에서 평판이란 게 쌓여요. 저도 교직 초기 알음알음 만들어진 평판이 시간이 지나서 많은 도움이 되었습니다. 선생님도 지금이 평판을 만드는 시기입니다."

문득 주변 선생님들이 생각하는 '나'의 모습이 궁금했다. 어떤 모습으로 비치고 있을까. 첫 발령지 마지막 해였다. 정리하는 기분이 들어 더 생각에 잠겼다. 직접 주변에 여쭈어보기는 그렇고 혼자 이것저것 떠올려봤다.

지금도 그렇지만 조용히 제 할 일 하는 편이었다. 먼저 말 걸거나 살가운 성격은 아니었다. 근무시간 이후 남아있는 일이 잦았다. 주말 출근도 때때로 했다. 안 가고 뭐 하냐는 말을 과장 좀 보태어 100번은 들었다. 나보고 학교를 너무 좋아한다고 하셨다. 그런 건 아니다. 집에서는 집중이 잘 안 돼서 궁여지책으로 일하는 장소인 학교에서 처리할 뿐이었다. 덤으로 초과근무수당을 받을 수 있으니까 그랬다. 행정 업무 바쁠 때가 있었고 수업을 준비하다 보면 시간이 훌쩍 지나갔다. 무언가 열심히 하는 이미지가 아니었나 싶다.

학생들과 가깝게 지내는 편이다. 아무래도 나이가 어리니 아이들이 더 편하게 다가오는 경향이 있다. 또래 대화에 그나마 공감할 수 있어서 일까. 아이들이 찾아와서 말을 건넬 때 업무 처리가 급하거나 수업으로 정신없는 경우가 아니라면 잠시라도 짬을 내서 대화하려 한다. 원만한 사이를 만들려 노력하는 편이다. 수업이든 생활 지도든 공감과 신뢰를 바탕으로 한 관계가 우선이라고 생각하기 때문이다. 덕분인지 행복 학교 TV 뉴스 보도를 위한 방송 촬영이나 외부 기관 학생 만족도 조사에서 표집 학급으로 선정되기도 했다.

행정 업무는 최대한 빠르게 매뉴얼대로 처리하려고 노력한다.

학교 주요 3개 부서라고 불리는 교무기획부, 교육연구부, 학생안전부의 기획 업무를 모두 겪었다. 여전히 모르는 것이 많지만 전반적인 학교 행정의 뼈대를 알 수 있었던 기회였다고 생각한다. 한편으로 수업이 후 순위가 되고 행정 일에 매몰될 때면 회의감이 오곤 했다. 바쁜 내가 안쓰러우셨는지 고생한다고 간식을 챙겨주시는 선생님도 계셨다. 잘 봐주셔서 감사할 따름이다. 일 처리를 잘하지 못해도 매끄럽게 하는 편이라고 생각해 주셨을 것 같다.

교과 수업 연구에 관심이 많다. 교사는 수업으로 말한다고 하지 않는가. 학생에게 교사로서 권위를 내세울 수 있는 가장 좋은 방법은 수업과 평가에서 전문성을 보이는 것이라고 믿는다. 다양한 연수를 듣고 각종 연구회나 수업 모임에 참여했다. 늘 자리에 수업 관련 서적이나 자료를 놓아두고 살폈다. 수업에 대해 좋은 평가를 받을 때 가장 기분이 좋다. 작은 상도 받았다. 교과 대표 수업, 학교 대외 공개 수업 대표발표자가 되기도 했다. 잘해서라기보다 노력하는 모습에 기회를 주신 것 같다. 수업 부분에서 열정 있는 신규라고 봐주지 않으셨을까.

학급 경영은 매년 어렵다. 교실을 깔끔하게 정리 정돈하는 선생님들이 부럽다. 다른 선생님이 보시기에 조금 정리가 안 되는 반이라고 느끼셨을 것 같다. 아이들과 학급 활동으로 이것저것 시도했다. 물총 싸움, 런닝맨 놀이, 단체 연극 관람, 반가 만들기, 마니또 등을 해봤다. 크리스마스 학급 행사가 가장 기억에 남는다. 아이들이 정한 프로그램대로 쉬는 시간과 점심시간 동안 영화 보기, 각자 가져온 선물을 무작위로 추첨해서 가져가기, 크리스마스트리 만들기 등을 했다. 우리 반 교실이 편안하고 쉴 수 있는 공간이길 바란다. 때로 이런 마음이 유별나다고 보셨을 것 같기도 하다.

개인적인 이야기를 학교에서 많이 나누지는 못했다. 또래 선생님들이 많이 있지도 않았고 여유도 부족했다. 매해 새롭게 배우고 익히다 보니 4년이 지났다. 그렇게 첫 학교를 떠났다.

현재도 비슷하다. 그때나 지금이나 많이 달라진 것 같진 않다. 특이하다고 할 만한 점 있다면 올해는 학교 친목회 회장이 되었다. 선정 이유는 잘 모르겠다. 잘생긴 얼굴로 뽑혔다고 농담했지만 친목회장과 어울릴 성격이 아니다. 작년 12월에 선출되었을 때 덕담을 많이 해주셨다. 잘할 것 같다, 기대된다는 말을 들었다. 선생님들 생각하실 때 맡은 일 충실하게 잘 할 거 같다고 봐주신 것 같다. 학교 선생님들 원활한 소통이나 경조사를 챙기는 게 임무이다. 과분한 자리지만 믿어주셨으니 할 수 있는 만큼은 하고 싶다.

이것저것 적어보았다. 그래서 너는 어떤 사람이냐고 물으신다면 아직 대답을 못하겠다. 궁금하다. 나는 어떤 교사일까. 작년에 같이 근무하고, 올해 옆자리, 내년 함께 할 선생님들이 어떻게 바라봐 주시려나 싶다. 다만 감사한 마음은 항상 간직한다. 주변 선생님들이 아껴주시고 배려해 주셨음을 안다. 부족한 부분을 살펴 주시고 독려해 주셨다. 현재 평판이 어떻다는 걸 이야기하는 건 어불성설인 것 같기도 하다. 바람이 있다면 재미없어도, 선하고 하루하루 노력하는 교사구나 하고 봐주셨으면 좋겠다.

7

맥가이버가 되자

맥가이버는 똑똑한 두뇌와 칼 한 자루로 어떤 임무든 해결하는 만능 첩보원이다. 불가능해 보이는 문제가 발생하더라도 차분히 주변 상황을 활용해 해답을 찾아낸다. '딴 따다 단 따다다 단 ~ '하는 음악과 함께 무언가 뚝딱 만들어내는 맥가이버 모습이 낯설지 않을 것이다. 때로 맥가이버 같은 능력이 있다면 싶은 순간이 있다.

학교 발령 후 공식적인 첫 업무는 교실 환경 미화였다. 오리고 붙이고, 제작하는 활동은 젬병이다. 어린이집 일하는 지인 찬스를 활용했다. 어린 왕자를 주인공으로 한 멋진 우주 한 조각을 교실 게시판에 담았다. 매년 손을 벌릴 순 없었다. 다음 해부터 깔끔하게만 꾸미려고 노력했다. 책걸상 이름표, 사물함 번호표 같은 자잘한 부분은 내 몫이었다. 반듯반듯 정리하고 싶은데 삐뚤빼뚤 교실을 보면 아쉽다.

교구(수업 도구) 제작 능력도 필요하다. 교실에 들어오는 교사의 모습을 어떻게 떠올리냐에 따라 세대 구분이 가능하다. 나이 지긋하신 어른들은 교과서와 분필만 들고 수업에 임하는 교사를 기억에서 떠올릴 것이다. 조금 젊은 분들은 OHP 필름이나 파워 포인트 정도가 생각나겠다. 최근에는 교사의 수업 설계에 따라 도구 활용이 각양각색이다. 스마트폰을 활용해 QR코드 보물찾기, 화상 기기를 이용한 실시간 인터뷰, 교과 보드게임을 이용한 복습까지 21세기 맞춤 수업이 이루어진다. 교구 사이트에서 다양한 물품들을 판매하고 있지만 번뜩이는 아이디어와 손재주를 가졌다면 싶을 때가 있다.

코로나로 인해 온라인 수업과 오프라인 수업의 장점을 융합한 블렌디드 러닝(blended learning)이 새로운 패러다임으로 등장했다. IT 기기를 활용하는 수업 방법이 연구되고 실제 운영 중이다. 구글을 위시한 다양한 플랫폼들이 이를 보조한다. 자의 반 타의 반으로 새롭게 첨단 기술을 익혀야 한다. 덕분에 코로나 이전과 이후 교사로서 자신이 완전히 달라졌다고 표현하는 분도 있다. 몇 해 전부터 코딩도 대세로 떠오르고 있다. 초등학교에서부터 코딩 교육이 이루어진다. 컴퓨터 키보드 자판기보다 터치 패드가 익숙한 그네들과 소통하려면 준비가 필요할 것이다. 막막한 기분이 들지만 힘내본다.

행정 업무는 아기 걸음마를 배우듯 기초부터 시작했다. 공공 기관에서 사용하는 한글 프로그램은 그나마 익숙했다. 엑셀과 파워포인트는 배울 것투성이였다. 특히 엑셀은 기본적인 함수

외에 알아두면 업무 효율성 높이는 기능이 많았다. 필터를 만들거나, 수식을 활용하는 법을 구글을 검색하며 익혔다. 교육 행정 총괄하는 업무포털 시스템이나 나이스 정보 시스템은 정말 제로(0)에서부터 익혀야 했다. 무슨 기능이 그렇게 많은지, 업무 메뉴 버튼을 찾는 것부터 힘들었다. 공문서 작성방법을 출력해 놓고 기안할 때마다 참고했다. 띄어쓰기 한 칸이라도 틀리지 않으려 애쓰던 기억이 난다. 다행인 건, 반복을 통해 익숙해진다는 점이다.

보고서와 기획서는 다음 난이도였다. 학교 교육 사업이 이렇게 많을 줄 몰랐다. 담당한 사업마다 계획서와 결산 보고서를 작성해야 했다. 학생일 때는 수학여행이 마냥 좋았다. 노는 날이었으니 말이다. 교사가 되고 나서도 수업을 안 하니 쉴 수 있다고 생각했다. 아니었다. 계획서에는 체험 활동 사전 답사 결과부터 진행 일정, 안전한 활동을 위한 예방과 교육계획, 예산 지출 내역, 이동 동선, 숙소 계획, 활동을 통해 얻게 되는 교육 효과, 활동 보고서 양식, 자료집이 포함되어야 했다. 이 중에 사전 답사 결과와 숙소 계획은 직접 발로 뛰어야 작성이 가능했다. 다녀오고 나서도 학생 만족도 조사를 포함한 사후 결과 보고서를 제출해야 했다. 밀린 수업 진도는 진도대로 남겨둔 채 말이다.

학생 상담 유형은 크게 두 가지다. 하나는 진로 진학 상담이고, 다른 하나는 개인 심리 상담이다. 둘다 만만치 않지만 개인적인 생각으로는 후자가 더 어려웠다.

진로 진학 관련된 내용은 각급 학교 수준에 맞게 공부하면 된다. 자료를 수집해서 정리하고 학생 상황에 맞게 상담한다. 노력한 만큼 성과가 있었다. 반면 개인 심리 상담의 경우 교육학을 겉핥기로 배운 신규교사에게 까다롭고 힘에 겨운 일이었다. 동성(同姓)이라면 청소년기 시절을 반추할 수라도 있다. 이성(異姓)은 막막하다. 사춘기 학생의 미묘한 심리선을 이해하는 일은 요원하다. 상담실과 연계하여 심층 상담받는 학생들이 있다. 이런 경우 담임이 할 수 있는 일 범위는 더욱 한정된다. 상담 서적을 뒤적여본다. 교육 상담 이론서보다 실제 교사들이 사례를 담아 집필한 서적에 많은 도움을 받았다.

대민 업무를 담당하기도 한다. 학부모 상담이 대표적이다. 처음 발령받고 나이 많은 보호자에게 무시당하거나 이야기가 통하지 않을까 걱정했다. 다행히 그런 일은 잘 없었고 대부분 교사로서 존중해 주셨다. 학부모 마음을 이해하고 학생을 소중하게 생각한다는 점을 알려드리는 것이 중요하다고 생각한다. 가끔 화내거나 욕하는 분도 없진 않다. 학교 이야기를 들으려 하지 않으시고 아이 말만 일방적으로 주장하실 때는 속상하기도 하다. 아이 교육에 보호자 역할을 제할 수 없다. 협업하는 파트너라고 생각하고 기분이 상하지 않게 조심스럽게 의견을 드리려 한다. 담배 피우는 학생이 있다는 신고 전화가 들어오고, 학교로 알 수 없는 신세 한탄하는 분도 있었다. 목소리가 불친절하다며 민원이 들어오기도 한다. 전화 받기 전 친절한 상담을 위해 목소리를 가다듬는다.

몸 쓰는 일에 약하다. 학교 와서 운동 좀 잘했다면 편했겠다 싶은 때가 있다. 남자아이들과 교류하는데 축구와 농구 능력이 아쉽다. 군대에서만 그럴 줄 알았는데 애꿎은 몸뚱이를 탓한다. 다음 생에는 운동 신경 좋은 사람이었으면 좋겠다. 창의적이고 번뜩이는 아이디어가 필요한 경우도 있다. 학급 특색 활동, 동아리 활동은 무엇을 하면 좋을까 고민이 깊어질 때 단단한 머리를 원망한다.

이 외에도 할 줄 알았으면 좋았겠다 싶은 것들이 많다. 수업만 잘하면 끝일 줄 알았는데, 수업은 기본 중에서도 기본이었다. 미래에는 T자형 인재가 필요하다고 한다. 마찬가지로 교육의 전문성을 가지되 여러 분야의 지식과 기능을 함께 갖춘 교사가 되어야 할 것이다. 맥가이버가 되자. 어떤 일이든 뚝딱, 처리하는 임기응변과 능력을 길러보자.

8

수준 차이 나니까

러시아 대문호 레프 톨스토이의 <안나 카레니나>는 인상적인
첫 구절로 유명하다.

'행복한 가정은 모두 서로 비슷하지만 불행한 가정은 제 나름
으로 불행하다.'

학교 상황으로 변주하면 이렇게 적을 수 있다.

'교사를 행복하게 하는 학생은 비슷하지만 힘들게 하는 학생
은 제 나름대로 힘들게 한다.'

교육실습생 시절에 들었다. 아이들은 뇌를 거치지 않고 이야
기하니 상처받지 말라고. 학교에 와서 보니 다양한 아이들이 갖
가지 방법으로 교사를 지치게 했다.

욕을 한다. 가르쳐 준 적이 없는데 어디서 배웠을까. 개나리,
미나리, 강아지를 부른다. 자기들끼리 주고받으면 그나마 낫다.
대상이 교사가 된다. 상상해보자. 학생이 당신에게 욕한다. 눈을
부라리면서 말이다. 어떤 반응을 보이겠는가?

> 1. 못 들은 척한다.
> 2. 욕 한 행동에 대해 강하게 야단친다.
> 3. 표정 변화 없이 비속어 사용에 주의 준다.
> 4. 벌점을 부과한다.

첫 반응은 2번이었다. 수업 중 면전에서 육두문자를 날리는 학생을 보고 웃을 수가 없었다. 정색하고 학생을 꾸짖었다. 문을 발로 차고 학교를 뛰쳐나갔다. 나 아니고 학생 말이다. 다른 한 번은 나무랐더니 더 심한 반응으로 돌아왔다. 2번은 안 되겠다 싶었다. 그 후 1번, 3번 섞어 사용한다. 생각보다 애들 욕 수위가 높다. 듣다 보면 정신적 고통이 심하다.

"왜요, 때려봐요? 못 때리잖아요. 별것도 아니면서 OOOOO."

예시로 어떤 말을 쓸까 하다가 상대적으로 순한 맛을 골랐다. 예비 교사와 학교 밖 독자라면 놀랐으리라고 생각한다. 맞는 말이다. 때릴 수 없다. 주의, 벌점을 주거나 학교 교권보호 위원회, 생활 지도 위원회에 회부하여 징계 주는 것이 다. 보통 교내 봉사 정도로 마무리된다.

생활 지도의 양대 산맥은 담배와 화장이다. 담배는 대한민국 모든 중등학교에서 단속 대상이다. 학교 안에서 흡연할 경우 과태료가 부과된다. 사준 적도 없는데 많이들 피운다. 라이터를 잘도 구해온다. 남녀를 가리지 않는다. 옥상, 화장실, 운동장 건물 뒤에서 연기가 피어오른다.

어린이용 화장품이 나올 정도로 꾸미기를 권하는 사회다. 세태에 어긋나지만 화장도 단속 대상이다. 입술이 빨갛다, 아이라인이 진하다는 선생님들 목소리가 전국에서 매일 울려 퍼진다.

'담배는 몸에 해롭다, 그 나이 때는 화장 안 해도 예쁘다.'

이런 말은 씨알도 먹히지 않는다. 고분고분 지도에 순응하던 학생도 어느 순간 짜증을 낸다. 거친 학생들은? 처음부터 역정을 낸다.

예의 없는 행동은 빈번해서 어디부터 이야기해야 할지 모르겠다. '나 때는'이라는 말을 하고 싶지 않지만 불과 10여 년 차이인데 문화가 이렇게 바뀔 수 있나 싶다. 카톡 메시지는 시간에 관계없이 도착한다. 아침 6시, 저녁 10시 가리지 않는다. 전화는 조금 덜 하지만 마찬가지다. 통신 예절도 없다.

학생 A : 이거 시험에 들어가요?

나 : 안녕, ○○아. 이 부분은 시험 범위에 포함된단다. 열심히 공부하고 있네.

(대화 끝)

혹시나 이어진 질문이 올까 기다리다 읽씹(읽은 후 무시하기)임을 알아챘다.

수업 중 불쑥 들어와 친구에게 할 말을 전한다. 수업 시간에는 자기 교실에 있어야 하고 다른 반에 들어오는 건 잘못되었다고 이야기한다. 들은 척 마는 척 나간다. 이야기를 전해 받은 아이는 갑자기 핸드폰을 꺼낸다. 나간 아이와 메시지를 주고받나 보다. 수업 중 사용 금지이고 벌점을 줄 거라고 주의 준다. 듣는 둥 마는 둥 한다. 들어보니 다음 시간도 그랬다고 한다.

이런 일들이 시시각각 일어난다. 지도하다가 지친다. 수업하고, 처리할 업무도 있는데 에너지가 부족하다. 말한다고 즉각 교정되지도 않는다. 마음도 상한다. 나이 지긋한 선생님이 손주뻘 아이에게 상스러운 말을 들으면 기분이 어떨까? 모멸감이 들 것이다. 교직에 회의감이 당연하다.

어쩌면 좋을까 고민하다 정했다. 아이를 아이로 보기로 했다. 5살 아이 눈앞에 있다 하자.

"바보야, 멍청아. 못생겼네. 메롱"

아이가 장난인지 진담인지 모를 말을 늘어놓는다. 기분이 어떠한가, 마음이 다치고 억울한가? 그렇게 화나지 않는다. 어려서 그러려니 한다. 다른 사람 기분을 상하는 말하면 안 된다고 알려준다. 중학생이든 고등학생이든 아직 철부지다. 마찬가지로 생각하자.

도자기를 만드는 과정은 채취해온 흙을 거르는 작업에서 시작한다. 걸러진 흙을 곰베로 빻아서 맑은 물을 부어 이긴다. 이기는 작업이 끝나면 하룻밤이 지난 뒤에 알맞도록 질흙을 떼어 뭉쳐 널빤지 위에 놓는다. 두 손으로 돌리며 반죽한다. 이 흙뭉치를 '꼬박'이라고 한다. 나무 물레 위에 잘 손질된 꼬박을 중앙에 맞추어 놓는다. 양손 엄지로 꼬박 중앙부를 누르고 나머지 여덟 손가락으로 외부를 쓰다듬으면서 그릇 형을 만들어간다. 이 과정이 도자기 성형(成形)이다.

교육을 도자기 제작과 견주어보자. 학생들은 어느 단계 있을까? 거르는 작업은 없다. 의무교육 이후 고등학교까지 대부분 진학한다. 걸러진 흙을 이기는 과정이 교육 시작이다. 긍정적인 생각, 향상심, 도덕성 키울 수 있게 맑은 물을 지속해서 부어준다. 진로에 맞게 미래를 준비할 수 있도록 '꼬박' 위에서 진학 로드맵을 만든다. 아이를 계속 지켜봐 주고 지지하는 것이 쓰다듬으며 그릇 형을 만드는 과정일 것이다.

미완성이기에 무엇이든 될 수 있다. 불완전하기에 어디로 튈지 모른다. 하나의 도자기로서 형상을 갖춘 교사와 다르다. 그러려니 하자. 수준 차이 나니까.

Part
3

어떤 교사를
꿈꾸고 있나요?

1

교사관이 뭔가요

관(觀)은 '보다'나 '보이게 하다'라는 뜻을 가진 글자다. 觀(볼 관) 자는 雚(황새 관) 자와 見(볼 견) 자로 나뉜다. 雚(황새 관) 자는 隹(새 추) 자 위에 큰 눈과 눈썹 그린 것으로 '황새'라는 뜻이다. 觀(볼 관) 자는 나무 위에 올라가 있는 황새처럼 넓게 '보다'라는 뜻이 된다.[4]

관(觀)은 명사 뒤에 붙으면 체계화된 생각을 뜻하는 말로 풀이한다. 가치관이라고 하면 사람이 자기를 포함한 세계나 환경에 대해 가지는 평가 태도를 의미한다. 마찬가지로 교사관이라고 하면 교육에 대해 교사가 가지는 견해나 입장을 뜻한다.

서른 전 임용시험에 붙는 것이 꿈이라는 동생에게 물었다.
"교사가 되고 나면 뭐 하고 싶은데?"
"몰라. 그냥 붙는 게 꿈이야."

---

4) 네이버 어학 사전

"꿈이 어떻게 직업이 되냐? 직업을 가지고 나서 무얼 할 거라는 게 꿈이지."

"아, 몰라. 그냥 교사가 되면 끝이야."

매체나 강연을 통해 많이 전파되었다. 꿈은 명사가 아니라 형용사로 가져야 한다. 형용사로 설명할 수 있어야 결과에 관계없이 과정을 즐길 수 있다. 명사가 아닌 꿈이기에 정형화되지 않은 자신만의 삶을 만들어갈 수 있다. 교사는 수만 명이지만 그 앞에 붙일 형용사 수식어는 나만의 것이다.

꿈이 있는 사람은 현재를 분석하고 미래를 준비한다. 시간의 물결에서 자신의 존재를 확인하고 나아갈 방향을 정한다. 인생을 고민하면 인생관, 직업 선택을 고심하면 직업관이 된다. 교사관역시 마찬가지다. 교사로서 꿈에 대한 성찰로부터 시작된다. 자문해보자.

"나는(당신은) 왜 교사가 되었는가? 어떤 교사가 되고 싶은가?"

질문은 운명처럼 다가왔다. 중등교사 임용을 위한 2차 시험일이었다. 서늘한 동장군이 아침부터 위세를 부렸다. 몸에 맞지 않는 정장 위 롱패딩을 감싸고 시험장으로 들어섰다. 당시 중등교사 임용시험은 2단계로 이루어졌다. 1단계는 필기시험이다. 전공교과와 교육학에 대해 단답형, 서술형 문제로 합격 인원 1.5배에서 2배를 선발한다. 2단계는 수업 실연과 면접이다. 이틀에 걸쳐 이루어지며 순서는 당일 뽑기로 정한다.

2차 시험 첫날이었다. 수업 실연 순서 1번에 당첨되었다. 첫 타자라 긴장한 탓인지 어처구니없는 판서 실수를 했다. 면접은 잘하자고 마음을 다졌다. 다음 날 면접 순서 뽑기를 했다. 1번이었다. 이 무슨 운명의 장난인가. 대답할 문제를 받고 작성할 시간을 가진 이후 시험지를 반납했다. 문제 내용은 이제 기억에서 잊혔다.

"어떤 교사가 되고 싶은지에 대해서 이야기하시오."
교사관을 묻는 단 한 문제를 제외하고 말이다.

준비하는 데 1분도 걸리지 않았다. 면접에서 가장 자신 있게 대답한 문항이었다. 늘 생각해왔기에 당당하게 이야기할 수 있었다.

"교학상장하는 교사가 되고 싶습니다. 교사라는 직업을 선택한 이유는 두 가지였습니다. 하나는 부단하게 자기 계발해야 하기 때문입니다. 교육자로서 변화하는 시대에 맞추어 늘 배움의 자세를 가져야 합니다. 이런 삶의 태도가 제 가치관과 일치합니다.
두 번째는 자라나는 청소년에게 긍정적인 영향을 줄 수 있다는 점입니다. 교육은 가르치고 길러낸다는 뜻입니다. 인생 멘토로서 학생들과 함께 성장하는 일이 가치 있다고 생각합니다.
두 가지 이유는 독립하지 않습니다. 상호보완합니다. 교사만 학생을 가르치는 것 아니라 학생도 교사에게 가르침을 준다고 생각합니다. 가르치고 배우며 학생과 함께 성장하는 교사가 되는 것이 제 꿈입니다."

담백하게 적으려 해봤다. 어설프지만 비슷하게 대답했을 것이다. 교사가 되기 전에도, 되고 나서도 생각에 변함없다. 세련된 표현과 경험으로 축적된 사례를 조금 더 말할 수 있을지언정 알맹이는 그대로다.

특별한 재능 없이 태어났다. 공부도 그랬다. 조금 하는 듯싶어 수재는 될까 하고 기대했다. 지금 내 상황보다 더 대단한 사람이 될 거라고 근거 없이 낙관하고 행동하지 않았다. 부질없이 시간을 허비했다. 나이는 어리지만 인생을 알토란같이 살아가는 사람들을 만났다. 이제까지 뭘 했나 후회막심이었다. 늦었지만 포기하지 않기로 했다. 삶을 채워나가자고 다짐했다.

삶의 모토를 대기만성으로 정했다. 오늘보다 내일 더 나은 사람 되기 위해 하루를 발버둥 친다. 티끌 하나만이라도 나아지길 바란다. 그렇게 오늘까지 왔다.

앞으로도 이렇게 살아갈 것이다. 세상 떠나는 날 가장 멋진 내가 되길 바란다.

2

끝없는 용기를 달라고

> 참되거라, 바르거라 가르쳐 주신
> 스승은 마음의 어버이시다.
> − 〈스승의 노래〉 중에서

교사는 학생이 바른 인성을 가지도록 훈육한다. 정의롭게 살아라고 가르친다. 노력하는 사람이 좋은 결과를 얻음을 강조한다. 타인을 배려하는 것이 옳음을 설파한다. 정정당당한 경쟁을 제안하고 결과를 받아들이라고 한다. 수업을 열심히 듣고 규칙을 준수하는 학생을 모범적이라고 칭찬한다.

대학에 입학하고 사회에 진출하면서 깨닫는다. 학교에서 가르쳐준 세상살이는 실제와 다르다. 노력이 반드시 결과로 이어지지 않음을 알게 된다. 이타적인 사람보다 이기적인 사람이 성공하는 모습을 본다. 경쟁의 공정함은 존재하지 않는다. 시작점이 다르고 준비 상황이 다른데 어떻게 공정하겠는가.

최근 몇 년간 사회 지도층 자제들 부정 입학 문제가 시끄러웠다. 합법적 제도를 활용했기에 절차상으로는 문제없었다. 제도를 만든 사람도, 이용할 수 있는 사람도 그들이라는 점이 논란이 되었다. 특례 입학 제도가 그렇게 많은지 처음 알았다. 비슷한 시기에 수능을 쳐서 대학에 갔다. 수능 점수가 모든 것인 줄 알았는데 씁쓸했다.

그 이전에는 공인들 학력위조 논란이 있었다. 졸업하지 않았으면서 이력란에 대학 이름을 올려둔 것이다. 모 연예인은 동문 행사에 대학 측으로부터 초대까지 받았다. 대학도 연예인도 떳떳하지 않은 일을 함께 했다.

괴리감을 지울 수 없다. 가르치는 내용과 아이들 살아갈 세상 이론이 다르다. 인권 수업하던 날이었다. 산업혁명 시기 영국 러다이트 운동 같은 참정권 요구 운동이 투표권 확대에 끼친 영향을 말했다. 우리가 누리고 있는 권리가 용기 있는 목소리를 냈기에 가능하다고 가르쳤다. 비슷한 시기에 언론 헤드라인에는 파업 투쟁하는 노동조합에 대한 비판 기사가 연일 올라왔다.

학교는 정의로운가. 정의롭다면 차별이 없어야 하고 공평해야 한다.

교실에는 암묵적인 무리가 있다. 계층이라고 표현하고 싶지는 않다. 가정환경, 개인 능력, 성격 다른 아이들 사이에 어른들 세상이 투영된다. 누구는 공부 잘해서, 누구는 운동 잘해서, 누구는 집에 돈이 많아서 우대받는다. 그렇지 못한 누구도 존재한다. 좋은 말보다 좋지 않은 소리를 들을 때가 많다. 인정받기 힘든 곳에서 재미와 애착을 느끼기 어렵다.

학교를 졸업하고 나서 제자가 달라진 모습으로 스승을 찾아온다. 과거 말썽을 부리던 녀석이 정신을 차렸다며 인사한다. 훈훈한 장면을 삐딱하게 바라본다. 변한 것은 제자인가, 둘러싼 환경인가. 학업이 최우선이 되는 학교를 벗어나 자기 역할을 할 수 있는 사회에서 제 모습을 찾은 것은 아닐까.

학년에 1~2명씩 특별한 아이들이 있다. 건드리면 터지는 지뢰 같다. 특수성으로 인해 다른 아이들과 대우 차이가 생긴다. 그러면 안 되지만, 가끔 작은 규정 위반은 눈을 감기도 한다. 흰색이 10개고 검은색이 1개인 아이에게는 검은색 1개를 쉽게 이야기할 수 있다. 흰색이 1개고 검은색이 10개인 아이에게는 검은색을 3개 이상 언급하기 어렵다. 검은색 10개를 이야기한다면 자의든 타의든 학교를 다니지 못할 것이다. 교육을 위한 선택이다. 공정한지는 모르겠다.

시험 기간 정리 노트를 만들었다. 친구가 노트를 빌려달라고 한다. 빌려주어야 할까? 이건 내 노력의 결과니까 빌려주지 않는다면 바르지 못한 것인가? 몸이 아파 한동안 학교에 나오지 못한 친구라면 어떨까? 시험 기간 정리 노트가 아니라 지난 시간 수업 필기를 보여달라는 말은 괜찮을까? 기준이 모호하다.

교사 사회는 정의로운가.

학교 앞을 지나가면 간혹 현수막에 OO 연구학교, OO 시범학교 선정이라는 내용이 쓰여있다. 교육정책 연구, 실험을 위해 학교에서 신청해 1년 정도 운영하는 사업이다. 일하는 주체는 교사이기에 내부 토의가 필요하다.

어느 해 교직원 회의였다. 회의라고 하지만 보통 업무 전달이 주였다. 다음 해 연구학교 신청을 윗선에서 정해서 선생님들께 통보했다. 회의가 끝나고 이야기가 나왔다. 사업 운영으로 인한 업무량 증대는 둘째 치고 논의 없이 일방적 결정을 내리는 것은 바람직하지 않다는 의견이 대다수였다. 선생님들 말씀을 들으며 학교 일은 이렇게 처리되는구나 생각했다.

그날 오후 긴급회의가 소집되었다. 오전에 전달한 신청 사업에 대해서 선생님들 찬반 투표를 받겠다고 했다. 갑자기 '왜?'라는 의문이 들었다. 뒤에 들으니 한 선생님이 교장 선생님께 절차에 대한 의견을 전했다는 이야기를 들었다. 뒤에도 이런 일들이 간혹 발생했다. 그럴 때마다 그 선생님은 목소리를 내주셨다. 옳다고 생각하는 일을 당당하게 말할 수 있는 선생님 용기가 멋져 보였다.

우리가 살아가는 사회는 완벽하지 않다. 앞으로도 그럴 것이다. 임진왜란 때 백의종군한 이순신 장군은 노량 바다 위에서 쓸쓸하게 숨을 거두었다. 부귀영화를 위해 조국을 팔았던 이완용은 떵떵거리다 죽었다. 정의롭게 살아라고 말하는 것이 합당한 일일까?

"얘들아, 이완용처럼 살아야 잘살 수 있어."

이건 아닌 듯싶다. 역사의 물결에서 이순신은 400년이 지난 우리에게 백성들을 전란에서 구한 숭고한 영웅으로 남아있다. 이완용은 매국노 대명사로 400년이 지나도 욕먹을 것이다. 이순신처럼 국가를 위해 목숨을 바치라는 이야기가 아니다. 어떻게 살아갈 것인가 고민할 때 전자가 가진 가치를 잃지 않았으면 좋겠다.

부당한 권력을 행사한 전 대통령을 끌어내린 건 평범한 국민이 만들어 낸 큰 촛불의 목소리였다. 어린아이의 천진난만한 웃음과 나이 지긋한 반백 노인의 흰 머릿결이 모여서 정의를 말했다.

끝없는 용기를 달라고 기도한다. 바르게 살라고 말하고, 말한 대로 살아가고 싶다.

3

잘할 수 있는 것 찾기

　교사들에겐 기피 부서가 있다. 학생부라고 불리는 곳이다. 학교마다 이름은 다르지만 세월호 참사 이후 안전 업무가 추가되어 학생안전부, 안전생활부 정도로 불린다. 선호하지 않는 이유는 여러 가지다.

　첫 번째로 담당하는 업무 특성상 아이들과 끊임없이 부딪혀야 하기 때문이다. 용의 복장부터 시작해서 학생 사이의 작은 시비, 폭력 사건까지 다룬다. 아이를 믿어주고 보듬어주어야 할 교사가 의심하고 파헤쳐야 한다. 교사보다 형사에 가깝다. 거짓말을 밝혀내고 시시비비를 가려야 하다 보니 정신적 스트레스가 이만저만이 아니다.

　두 번째로 학생회, 학교폭력, 학생 생활 지도, 학교 안전, 교복 업무, 교문 지도 등 업무량 자체가 많기 때문이다. 이런 것도 해야 하나 싶은 일도 있다. 학교 일의 쉽고 어려움을 가리고 싶진 않지만 학생부 업무는 만만치 않다.

내가 학생부 소속이던 해였다. 기획과 학교폭력, 학생회 운영 등을 담당했다. 학교폭력 업무는 어렵고 조심스러웠다. 결과에 따라 학교생활기록부에 기록될 수 있는 중대한 일이었다. 관련 학생, 학부모 모두 예민했다. 상처받은 아이들 마음도 추슬러야 했다. 당시 학생부장 선생님이 노련하셔서 그나마 다행이었다.

학교폭력 업무를 제외하면 아침 교문 지도가 가장 힘들었다. 아침 7시 30분, 교문에서 하루를 시작한다. 등교 학생 용의, 교통 안전 지도하며 근처를 순찰했다. 등굣길 흡연 학생을 찾으러 다녔다. 매일 아침 학생들을 마주하고 지도하는 일이 녹록지 않았다. 한두 달이 지나자 아침 지도가 끝나면 학생부실에 퍼져있는 것이 일상이 되었다.

아이들을 대면하면서 부족함을 느꼈다. 학생을 상담하고 지도하는 일을 체계적으로 공부하고 싶었다. 여러 선생님들이 쓰신 글을 찾아봤다. 그쯤 읽었던 책에 기억 남는 일화가 있었다.

불량 학생 한 명이 수업 시간 중 선생님에게 대들었다. 선생님은 학생에게 기죽지 않고 수업 중 옳지 않은 행동을 한 것에 큰 목소리로 대응하셨다. 그 뒤 고분고분 수업에 임했다 한다. 선생님이 아무것도 하지 못하는구나 인식되면 아이들 행동은 느슨해지기 마련이다. 선생님은 미연의 싹을 잘라버리신 것이다. 글을 읽으며 감탄했다. 부족한 부분이 엄격함, 단호함이라고 생각해왔다. 이런 모습을 갖추자, 카리스마를 가져야지 하고 다짐했다.

공교롭게 기회가 바로 찾아왔다. 당시 7시 30분 이전에는 교문 지도가 이루어지지 않았다. 교복을 입지 않거나, 머리 스타일이 자유분방한 아이들이 그 시간을 노리는 경우가 있었다.

문제의 그날이었다. 고3 학생 한 명이 30분 이전에 학교에 걸어들어왔다. 바지 위에 검은 스판 티를 입었고 금목걸이가 눈에 띄었다. 후문은 주차장이 있어 차가 왕래하여 위험하고 생활 지도를 위해 정문 등교가 원칙이었다. 규정에 비춰봤을 때 지적받을 부분이 한두 가지가 아니었다. 슬리퍼를 신고 시크하게 들어오는 아이에게 한 마디 툭 던졌다.

"아무리 그래도 너무 자유롭게 입고 다니는 거 아니야?"

한 마디하고 적당히 보내줄 생각이었다. 고3인 데다가 30분 이전이기도 했으니까.

"30분 전에 안 잡잖아요."

"그거랑 내가 너한테 지적하는 거랑 무슨 상관인데?"

"안 잡는데 왜 뭐라 그래요."

별거 아닌 이야기가 길어졌다. 아이를 학생부실로 데려갔다. 말이 오고 갔다. 순간적으로 책 내용이 생각났다. 지금이구나, 지지 않아야겠다 싶었다. 굽히지 않는 아이에게 버럭 소리를 질렀다.

"잘못했으면 잘못했다 말하면 되지, 왜 자꾸 다른 말로 돌려. 그게 지금 바른 자세야?"

그렇게 소리를 질렀던 것은 발령받고 처음이었다. 학생부장 선생님이 학생부실에 들어오다 놀라셨다. 옆 특별실 선생님도 무슨 일인가 싶어 보러 오실 정도였다.

"네. 제가 잘못한 것 같습니다. 죄송합니다."

이런 대답을 기다렸다. 기대와 다르게 대화가 흘러갔다. 무엇이 못마땅했는지 아이 눈에 눈물이 고였다. 학생부실을 뒤로하고 나갔다. 불러봤지만 대답이 없었다.

담임 선생님에게 일단 말씀드리고 자리에 앉아 머리를 식혔다. 실수했구나 싶었다.

'뭐부터 잘못했던 거였지, 이렇게 하는 게 아니었나. 책에 나온 선생님과 뭐가 달랐을까? 괜히 학생에게 상처 준 건가.'

주변 선생님들은 학생이 평소에도 정당한 지도에 응하지 않거나 다소 반항적인 모습을 보인다고 위로해 주셨다. 그래도 마음이 좋지 않았다. 자책감이 들었다. 소리를 지르며 흥분한 감정이 잘 가라앉지 않았다.

하워드 가드너는 1983년 저서 <마음의 틀>에서 다중지능이론을 소개했다. 지능을 단일한 학습능력으로 설명한 이전의 이론들과 달리, 그는 지능이 여러 가지 영역으로 구성되어 있다고 설명하였다. 언어지능, 논리 수학 지능 같은 친숙한 학습 지능 외에 공간 시각화하는 공간지능, 화성·음계 같은 음악적 요소 파악하는 음악 지능 등을 가정했다. 심지어 자신의 내적 문제를 해결하는 것, 타인과 교류하고 공감하는 것도 지능의 한 종류로 설정하였다.[5]

---

5) 네이버 두산백과.

교사 특성도 다중지능이론처럼 한 가지가 아니다. 단순히 '저 선생님은 아이들 지도를 잘하고 수업 잘 하네'라고 말할 수 없다는 뜻이다. 카리스마 있고 위엄있게 학생을 지도할 수 있는 사람이 있고 그것이 몸에 맞지 않는 사람이 있었다. 나는 후자였다. 그때 이후 소리를 높이지 않는다. 화가 날 때도 숨 한 번 크게 들이쉬고 가다듬는다. 공감하면서 편안하고 따뜻하게 이야기하려 한다. 내가 잘할 수 있는 분야는 그쪽이다.

그날 생각하면 지금도 이불을 차게 된다. 부끄러운 하루였다. 교사로서 해야 할 일이 있을 때 스스로 잘할 수 있는 방식을 생각한다. 수업이든, 업무든 말이다. 때로 어떤 방법이 적합한지 몰라 시행착오를 겪더라도 고민한 만큼 스스로 발전할 것이다. 잘할 수 있는 것을 찾아 자신만의 스타일을 만들어 보자.

4

두루미와 여우의 꿈

12월이다. 한 해가 마무리되고 새해가 다가온다. 사람은 항상 지나온 길을 정리하고 반성해야 한다. 손안에 흩뿌려진 시간 조각들을 맞추어야 경험이라는 퍼즐이 완성되기 때문이다. 물론 생각만 그러하다. 반성이 잘 되진 않는다. 10대일 때도 그랬고 교사가 된 지금도 그렇다.

수능이 끝났다. 고3 아이들은 논술 준비, 면접 준비하며 여전히 정신없다. 슬슬 결과 발표 시간이 다가온다. 엊그제 입학 같은데 몇 개월 뒤면 20살 성인이 된다. 현실감이 느껴지지 않을 것이다. 그렇지만 끝은 분명히 존재한다. 김성주 아나운서가 '60초 뒤 공개합니다'를 외치며 애간장을 태워도 끝내 순위 발표 시간이 온 것처럼 말이다.

학교 1층에 50인치쯤 되는 모니터가 있다. 화면에는 학교 소식과 행사 사진이 띄워진다. 이 시기가 되면 모 대학 합격생들 이름이 올라온다. 모 대학은 명문 대학이다. 이름 나온 학생들은 불철주야 열심히 노력했을 확률이 높다. 축하할 일이다. 빛나는 미래를 보장할 순 없지만 사회에 나가기 전 유리한 위치에 있는 건 분명하다. 화면을 보니 좋은 성적과 부지런한 학교생활로 익숙한 아이들 이름이 보였다. 노력한 모습을 알기에 기쁜 마음이 든다. 잘 되었네 싶다.

한편으로 이런 생각을 해본다.
'내가 고등학교 3학년 학생이면 저 화면을 보고 무슨 마음이 들까?'
모니터 화면에 이름이 나오는 학생이 몇 명쯤 될까, 정시 모집 결과까지 합쳐도 20명은 될까? 3학년 학생이 300명쯤 되었다. 나머지 280명 행방이 궁금하다.

예전과 달리 공부도 선천적 재능에 기반을 둔 능력의 일종임이 밝혀지고 있다. 학습 결과에 지능이 미치는 영향이 25%라는 연구 결과도 있다. 노력하면 된다고 말한다. 부정하지 않는다. 다만 엉덩이 싸움이라고 표현하는 집중력과 과제 몰입력도 유전적 영향이 크다고 하니 노력하지 않음을 너무 탓하지 않았으면 한다.

학교에는 다양한 학생들이 있다. 축제 시즌 매번 놀란다. 수업 시간에 조용히, 자신 없이 앉아있던 아이가 빛나는 조명 아래 끼를 발휘하는 모습을 본다. 평소 얼마나 답답할까, 굳이 몸에 맞지 않는 공부를 해야 할까 싶다. 한 학급에 학생이 25명이라고 가정하자. 그중 공부 잘한다고 칭찬받는 학생은 넉넉히 잡아도 5

명이다. 나머지 20명은 5명을 위한 들러리가 된다.

운동으로 일찌감치 진로를 정한 학생이 있었다. 이 녀석 하루 일과는 단순하다. 아침에 늦지 않게 학교에 와서 핸드폰을 만진다. 수업 시간에 잔다. 쉬는 시간에 핸드폰을 만진다. 점심시간에는 밥을 먹는 둥 마는 둥 하고 운동장에서 축구를 한다. 열심히 뛰어놀았으니 오후에 잔다. 협동학습이나 실습이 있을 경우 간혹 눈을 뜨고 있다. 다른 아이들이 볼멘소리를 낸다.

"OO이는 아무것도 안 해서 힘들어요."

누구 잘못일까. 학교생활에 충실하지 않은 학생 탓일까. 일괄적으로 학교에 몰아넣고 지식 주입하는 교육 방식의 결함일까. 학생이 참여할 수 있게 수업을 설계하지 못한 교사 허물일까. 친구를 보듬어주지 못하는 다른 아이 문제일까.

이솝 우화에 '두루미와 여우' 이야기가 있다. 둘이 서로 각자의 집에 초대해 식사 대접을 한다. 두루미는 넓은 접시를 받고 여우는 플라스크 형태의 긴 목이 있는 접시를 받는다. 둘 다 먹지 못한다. 자신에게 적합하지 않은 그릇이기 때문이다. 저마다 끼와 재능이 다른 아이들이 학교라는 공간에 섞인다. 사회가 바라는 모습은 붕어빵 틀처럼 고정되어 있다. 자신을 욱여넣어 끼워 맞추어야 한다. 튀어나오면 꾸중을 듣는다. 묻고 싶다. 반듯한 인간 모습이 되는 게 꼭 좋은 일일까, 모두가 똑같이 반듯하면 그 사회가 건강할까?

얼마 뒤면 고교 학점제가 전면 실시된다. 가는 길에 잡음이 많다. 현실적으로 제대로 운영이 될까 싶기도 하다. 한편으로 다양한 학생이 공존하는 학교로 가는 돌다리가 되지 않을까 기대한다. 인문계 고등학교에 가든 특성화 고등학교에 가든, 고등학교에 가지 않든 떳떳이 사회 일원으로 살아갈 수 있었으면 좋겠다. 능력에 맞는 일을 하되 다른 사람 일을 가볍게 보지 않길 바란다. 누구나 삼시 세끼 밥 먹을 걱정이 없었으면 한다. 인간 존엄성이 최소한 유지되는 사회를 원한다. 그리고 학교가 그런 사회 만드는 곳이기를 소망한다.

상상해본다. 겨울이 채 물러가지 않은 3월, 본인의 목표를 꿈 종이에 적는다. 벚꽃이 피고, 푸른 잎사귀가 단풍으로 바뀐다. 첫눈 올 때쯤, 꿈 종이에 적었던 소망을 이룬 학생들 이름이 모니터 화면에 올라온다. 누구는 어느 대학에 갔다. 누구는 대학에 가지 않고 바리스타가 되었다. 누구는 운전면허 자격증을 취득했다. 누구는 군대에 가기로 했다. 뭐든 좋다. 대학이 아니라도 좋다. 꿈을 목표하고 이루어냈다면 모니터에 이름을 올릴 수 있다. 이름을 띄운 학생이라면 자신에게 엄청 뿌듯할 것 같다. 이런 학교 어려울까.

생각이 이어지다, 문득 떠오른다. 올해 1월에 어떤 한 해를 만들고 싶어 했더라.

이런, 부끄럽다. 제대로 한 게 없구나. 내년 12월에는 나만의 모니터에 합격 소식을 전해야겠다.

미리 축하하자. 두루미와 여우의 꿈을 위해서.

5

등대가 되자

> 네가 만약 괴로울 때면 내가 위로해 줄게
> 네가 만약 서러울 때면 내가 눈물이 되리
> 어두운 밤 험한 길 걸을 때
> 내가 너의 등불이 되리
> - 윤복희, 〈여러분〉 중에서 -

기원전 3세기 이집트 알렉산드리아에 거대한 건축물이 세워졌다. 파로스 섬에 세워진 이 건물은 프톨레마이오스 왕조 첫 통치자였던 프톨레마이오스 1세에 의해 건축되었다. 하얀색 대리석으로 만들어졌으며 세 개 층으로 구성되었다. 맨 아래는 정사각형, 중간은 팔각형, 맨 위는 원형이었다. 맨 위에서 빛이 나왔고 꼭대기에 여신 이시스 조각이 놓여 있었다고 한다. 높이가 약 130미터에 달한 이 건축물은 섬 이름 따서 파로스의 등대라고 불렸다.[6] 고대인들은 드높은 파로스의 등대를 보며 무슨 생각을 했을까.

---

6) 김홍식, 『세상의 모든 지식』, 서해문집, 2007.

기록으로만 남겨진 파로스 등대의 실존 여부는 알 수 없지만 등대 자체는 오랜 예전부터 존재했다. 과거에는 밤이 칠흑 같았다. 불빛으로 배나 여행자에게 육지의 소재, 위험한 곳을 알려주는 것은 필수였다. 멀리서도 볼 수 있게 높고 밝게 만들어졌다. 밤바다 여행자들은 등대를 보면서 생각했을 것이다.

'잘 가고 있구나, 저리로 가면 되는구나.'

등대는 여행자들에게 나 여기에 있어 하고 외쳤다. 어디서나 언제나 자신을 볼 수 있게 말이다. 이런 속성을 빌려 특정 집단이나 업계에서 모범이 되고 이끌어주는 대상을 등대라고 부른다.

돌이켜보면 고등학교 시절 나는 깜깜한 밤바다 여행자였다. 등대가 간절했다. 왜 공부해야 하는지 생각할 시간에 영어 단어 하나 더 외워야 했다. 왜 대학에 가야 하는지 고민할 시간에 수학 문제 하나 더 풀어야 했다. 나는 누구인가 성찰하기보다 이번 시험 문제에 무엇이 나올지 관심을 가져야 했다.

누구나 학교를 다녔다. 다들 그래야 하는지 알았다. 높은 성적이 지상과제였다. 이유는 하나였다. 잘 먹고 잘살 수 있으니까. 좋은 대학에 가고 인기 학과에 가면 미래에 편한 삶을 살 수 있겠지 하고 기대했다. 의사, 변호사가 되면 돈 많이 벌고 존경받으며 살 수 있으리라고 믿었다. 주입된 목표의식을 나의 의지라고 여겼다.

질리도록 공부했다. 아침 7시 40분 등교해서 밤 11시 이후까지 학교에 남았다. 주말에도 학교 자습실에 나갔다. 역설적이지만 의문을 가졌다.

'공부는 어떻게 하는 걸까?'

아무도 공부하는 방법을 알려주지 않았다. 적당히 타고난 공부 재능으로 어정쩡한 성적을 받았다. 원하는 성적에 조금 못 미쳤다. 노력하면 된다고 했다. 노력하지 않은 건가 싶었다. 얼마만큼 더 해야 하는지 궁금했다. 늘 공부만 하는데 왜 안되는지 알 수 없었다. 다들 그랬다. 나도 모르고 너도 몰랐다.

지금은 안다. 고등학교 졸업 때까지 스스로 공부해본 적이 없다. 학교 수업, 인터넷 강의에 끌려다녔다. 계획을 세우고 실행하고, 점검해보는 과정이 없었다. 부족한 부분이 무엇인지 스스로 알고 메꿔나가야 했다. 같은 방법으로 공부하니 항상 성적이 비슷할 수밖에 없었다.

인간관계도 어려웠다. 또래 친구 사이도 그렇지만 이성 친구 문제는 고차방정식보다 어려웠다. 인생에서 첫 실연을 당한 아이는 자기 마음을 다스리는 방법을 몰랐다. 고만고만한 녀석들끼리 이야기해봤자 해결될 리 없었다. 한 녀석 상처가 사그라질 때쯤 다른 이야깃거리가 생겨났다. 공부하기 싫으니 핑곗거리로 삼았을지도 모르겠다. 어른들이 들었다면 한말씀하셨을 것이다.

"지나면 아무 일도 아니다. 공부나 해. 대학에 가면 지금 고민 다 해결된다."

안타깝지만 그 시절 우리에겐 무엇보다 중요한 문제였다. 부모님, 선생님은 우리를 이해하지 못하는 먼 나라 이웃이었다.

마음이 답답했다. 뭐 하나 속 시원히 설명되는 것이 없었다.

멘토가 필요했다. 궁금한 걸 물어보고 싶었다. 학교에서 그런 선생님을 만나지 못했다. 공부 열심히 해라, 나중에 후회하지 말고 라는 말만 들었다. 왜 후회하냐고 질문할 수 없었다. 쓸데없는 소리 하지 말고 공부하라는 소리 들을 게 뻔했다. 수업 중 본인 인생에 대해 이야기해 주시는 분이 있었지만 동떨어진 이야기라 와닿지 않았다. 고등학교 3년 동안 상담 한 번 해본 적 없다. 이상하다고 생각하지 않았다. 학교는 원래 그런 곳이었다.

유일하게 도움이 되는 조언을 건네준 사람은 과외 선생님이었다. 서른 후반 남자 선생님이셨다. 서울에서 대학을 졸업하시고 회사 생활하다 과외 강사로 전업하셨다. 수업 중 이따금 본인이 느낀 삶의 철학이나 방식을 말해주셨다. 따끔한 조언도 해주셨다. 게을러질 때 채찍이 되는 말이었다.

"네가 열심히 공부하는 목적은 원하는 직업을 가지고 사람답게 살면서, 미래에 네 자식은 원하는 대로 살게 해주기 위해서야."

가장 기억에 남는 말이다. 공감했고 공감한다. 수능을 치고 나서 맛있는 밥을 사주셨다. 그 뒤로 뵙지 못했지만 지금도 감사하다.

등대가 되고 싶다. 인간은 내면이 성장할 때 겉으로는 아무 변화가 나타나지 않는다. 그래서 어렵다. 잘하고 있는지, 제대로 나아가는지 알기 힘들다.

아이들에게 가야 할 방향을 제시해 주고 싶다. 진로진학, 개인 상담 무엇이든 좋다. 고민을 공감하고 위로해 줄 수 있었으면 한다.

"이런 직업은 어떠니?"

"실패해도 괜찮아. 다시 시작하면 돼."

뒤돌아보면 변함없이 비치는 빛이 되고 싶다. 쉬어 가고 싶은 배, 방향을 찾지 못하는 배, 위험에 빠진 배가 등대를 바라보는 것처럼 말이다.

"언제나 너를 지켜보고 있어, 응원하고 있단다. 파이팅!"

희생정신이 강한 거 아니냐고, 너무 힘든 일이 아니냐고 물을 수 있겠다. 윤복희의 <여러분> 마지막 가사다.

"만약 내가 외로울 때 누가 나를 위로해 주지… 여러분."

등대도 위로받는다. 그래서 다시 빛날 수 있다.

6

승진하세요

한국 사회는 소박과 겸손이 미덕이다. 좋은 일이 있어도 드러내지 않는다. 잘난 점은 감춘다. 출세를 갈망하면 세속적이다. 돈을 추구하면 천박하다. 자기주장이 당당한 사람은 거만하다.

칭찬받고 싶으면 정반대로 행동하면 된다. 나쁜 일을 적당히 드러내서 약점을 보인다. 못난 점도 마찬가지다. 출세와 돈에 집착하지 않는다. 자기 의견을 강하게 내세우지 않는다. 어디 가서든 착하고, 사람 좋다 이야기를 들을 수 있다.

학교는 사회 보편적 가치를 가르친다. 학교에서 칭찬받는 학생은 정해진 방침에 순응하는 겸손하고 순한 성향일 확률이 높다. 교사도 마찬가지다. 교사하면 어떤 모습이 생각나는가? 바른 사람, 세상 물정 모르는 사람, 규칙을 중요시 여기는 딱딱한 사람, 재미없고 고리타분한 사람 정도가 떠오른다.

교직은 특수하다. 전문성을 가진 교사 개개인에 대한 존중이 강하고 지위가 평등하다. 이제 갓 출발하는 신규교사부터 퇴직을 앞둔 원로 교사까지 이론상 동등하다. 맡을 수 있는 일 범위부터 발언권 무게까지 차이가 없다. 신규교사가 원로 교사에게 수업을 조언해도 이상하지 않다는 말이다.

다른 직업과 비교하면 확실히 구분된다. 기업에서 신규 사원에게 부서 총괄하는 부장직을 맡기지 않는다. 학교는 가능하다. 4년 이상 교육 경력 가지고 1급 정교사 자격증을 취득하면 된다. 하나 더 차이가 있다면 부장되는 것이 승진이 아니라는 점이다. 부장 교사가 다음 해에 비(非) 부장 교사가 되고 반대 모습도 나타난다. 이동이 자유롭다. 지위가 같기 때문이다.

학교에서 교사보다 직위가 높은 사람은 교장과 교감밖에 없다. 흔히 이 두 분을 관리자라고 부른다. 교사가 학생 교육을 직접 담당한다면 관리자는 학교 전반에 걸쳐 경영하는 역할을 한다. 특히 학교장은 학교에서 이루어지는 모든 결정의 권한을 가진다. 동시에 모든 일의 결과에 대한 책임도 있다.

여느 집단이 그렇듯 학교도 관리자가 마냥 환영받지는 못한다. 관리자와 교사가 충돌하는 일이 생기거나, 서로 불만을 가지기도 한다. 존경받는 관리자가 있지만 그렇지 못한 분도 존재한다. 이런 이유로 "승진 생각하고 있습니다."라는 교사는 어색하다. 그런 마음을 가져서는 안 될 것 같다.

지위 평등은 서로 존중하고 배려하며 화합할 수 있게 한다는 장점이 있다. 경쟁이 없기에 발전하려는 마음을 가지기 힘들다는 단점도 발생한다. 교사는 개인 수업과 학급 경영 방식을 존중받는다. 비판하고 감독 받는 일은 지양하는 분위기다. 비교하고 평가받기가 힘들다. 그러다 보니 착각에 빠지기 쉽다. 수업을 처음 녹화하고 충격받았다. 나름 잘하고 있다 싶었는데 영상 속 내 모습은 어설픈 교사 A였다. 자율적으로 각자 잘하는 것이 이상적이긴 하다. 그 기준이 모호하고 자발적 동기부여가 어렵기에 장치가 필요하다. 결과에 대한 직위 상승이나 금전적 보상이 한 방법이라고 본다.

교사는 의지에 따라 발전 가능성이 무궁무진하다. 대학원에 진학해 연구를 더 해서 대학 강단으로 갈 수 있다. 전과하여 진로 진학 혹은 전문 상담 교사로 활동 하기도 한다. 글을 써서 작가가 될 수 있고 사진을 취미로 하여 사진전을 열 수도 있다. 미술 선생님들이 전시회를 열면 부럽다. 과학 선생님들이 해외 유명 저널에 논문을 게시하면 존경스럽다.

인생 한 가지 갈림길로 승진을 놓아두었으면 좋겠다. 목적 아니라 수단으로서 말이다. 연구 점수를 위해 수업 연구 대회에 나가거나 대학원에 진학하는 것이 아니라 교과 수업 전문성을 키우려 노력하니 결과가 따라온다. 학생을 위한 다양한 교육 프로그램을 만들고 활동하다 보니 업무 부장으로서 점수를 받는다. 이것이 반대가 되면 나도 힘들고, 학생도 힘들고, 주변 선생님들도 힘들어지는 것 같다.

고등학교 학생이 미래에 대한 명확한 청사진을 가지고 평생 그 길에 매진하는 건 불가능하다. 신규교사가 '승진할 거야, 안 할 거야'라고 정하는 것도 불필요한 일이 아닐까 싶다. 충실히 생활하다 보면 어느 순간에 결정 순간이 오리라고 믿는다. 승진 방법을 짧게 정리해둔다.

관리자로 승진하는 방법은 현재 4가지 정도로 나뉜다.[7]

1. 교육부 전문직 승진
2. 소속 교육청 전문직 승진
3. 일반 승진
4. 공모 교장제 승진

전문직은 장학사와 연구사를 의미한다. 전직하려면 필기시험과 면접을 치러야 한다. 교육부 혹은 소속 교육청에서 시험을 치를 수 있다. 교육부 전문직원은 보통 교육 연구사라고 부른다. 교육부 근무 과정 중 관리자 자격연수를 받게 된다. 교육부 산하 기관에서 일하거나 원소속 시도교육청으로 돌아올 수 있다.

소속 교육청 전문직의 경우 장학사는 시도교육청이나 교육지원청, 연구사는 연수원이나 연구원에서 근무한다. 지역마다 차이가 있지만 7년 정도 전문직 생활을 한 후 교감으로 전직이 가능하다. 업무 강도가 상당하지만 교육청에서 직접 교육정책을 다루면서 경험을 쌓을 수 있는 것이 장점이다.

일반 승진 제도는 일선 학교에서 근무하면서 승진에 필요한 점

---

7) 승진 제도 관련 내용은 네이버 블로그 <아이들의 영혼을 만지는 예둘샘의 전학공 수업·현장연구>를 참고했습니다.

수를 쌓고 총합하여 대상자를 선발하는 방식이다. 평정 영역은 경력, 근무 성적, 연수성적 등을 합산한다. 가장 일반적인 방법이다.

공모 교장제는 최근에 만들어졌다. 기존 점수 쌓기를 통한 줄서기 방식이 아니라 학교 교육에 헌신적이고 유능한 교원이 교장이 되어야 한다는 취지에서 시행되었다. 아직 평교사에서 공모 교장을 통한 승진은 미미한 편이다. 향후 확대가 기대된다.

이 글을 읽는 누군가가 언젠가 승진했으면 좋겠다. 훌륭한 관리자가 되었으면 한다. 담임 선생님 따라 학급 분위기가 바뀐다는 말이 있다. 교장 선생님이 바뀌면 학교 분위기가 변한다는 말 역시 일리 있을 것이다. 사람 냄새나고 교사가 신나는, 학생이 행복한 학교를 만들어주면 좋겠다. 미리 감사하다고 인사드린다.

7

누군가의 롤 모델이 되는 것

주말 늦은 오후 카페에서 밀린 업무를 처리 중이었다. 잠시 숨을 돌리며 아메리카노 한 모금을 마셨다. 기지개를 켜는데 어린 아이에게 시선이 향했다. 6살은 되었을까, 얼굴에 천진난만함이 가득한 아이는 무엇이 좋은지 싱글벙글했다. 아버지는 책을 읽고 있었고 아이는 태블릿 기기로 영상을 보았다. 아버지가 포크로 케이크를 한 스푼 떠서 입에 넣는다. 아이도 케이크를 떠서 입에 넣었다. 아버지가 입에 문 케이크를 커피와 함께 음미한다. 아이도 아이스티를 입으로 가져가 홀짝거린다. 아이는 아버지 행동을 따라 하고 있었다. 부자 관계가 정다웠다.

삶의 여러 순간에서 아이는 아버지 모습을 떠올리고 참고할 것이다. 아이 자신이 해야 할 일이나 임무 따위에 본받을 만하거나 모범이 되는 대상이 아버지가 된다. 이때 아버지를 아이의 롤 모델(Role Model)이라고 부른다.

2018년 제23회 평창 동계올림픽 피겨스케이팅 국가대표였던 최다빈 선수는 대표적인 김연아 키드다. 김연아가 훈련했던 과천 빙상장에서 피겨를 시작한 최다빈 선수에게 그녀는 우상이었다. 마주하던 날, 마음을 담은 팬레터를 조심히 내밀었다. '고맙다.' 라는 말을 듣고 기뻐서 어쩔 줄을 몰랐다고 한다. 선수 생활하며 지치고 힘들 때 김연아 존재가 위로되었다. 그녀가 닦아놓은 길이 있기에 참고하고 도움받았다.[8] 김연아는 최다빈 선수의 롤 모델이다.

나도 롤 모델이 있다. 의사이자 가톨릭 신부이며 수도자였던 고(故) 이태석 신부님이다. 의사 생활 중 뒤늦게 가톨릭대학에 입학한다. 늦은 시작이지만 남달랐다. 2001년 사제 서품을 받고 곧장 수단(현재 남수단) 톤즈에 부임한다. 당시 수단은 80년대부터 20여 년간 내전을 지속하여 국민의 삶이 어려웠다.

1994년 퓰리처상을 받은 사진이 있다. 어린 소녀가 무릎을 꿇은 채 엎드려 있고 옆에 독수리가 지켜본다. 소녀가 쓰러지면 독수리는 소녀를 집어삼킬 것이다. 사진사 케빈 카터는 카메라에 그 장면을 담았고 그 후 소녀를 도왔다. '소녀를 기다리는 독수리'라는 이름의 사진은 촬영 전에 먼저 도와야 했다는 비판과 함께 젊은 사진사를 죽음으로 몰아넣었다. 이 유명 사진의 배경이 수단이다.

---

8) 피겨 최다빈 "김연아를 꿈꿨던, 꿈꾸는 이들에게" [평창 그 후 1년], 스포츠 경향, 2019.2.7.

열악한 환경의 수단으로 건너간 이태석 신부는 손수 병원을 만들었다. 문둥병이라고 불린 한센병 환자들과 결핵 환자들을 돌봤다. 낮은 곳에서 몸소 하나님 사랑을 전했다. 그러던 어느 날 문득 이런 생각을 하셨단다.

'예수님이라면 이곳에 학교를 먼저 지으셨을까, 성당을 먼저 지으셨을까?'

생각에 생각을 거듭해도 학교를 지으셨을 것 같다고 했다. 사랑을 가르치는 거룩한 학교, 내 집처럼 정이 넘치는 그런 학교 말이다.9)

학교와 기숙사를 짓고 수학을 가르친다. 악단을 만들고 지휘한다. 악기를 배운 사람이 없으니 스스로 공부해서 가르쳐야 했다. 내전으로 고통받는 국가에서 아이들이 희망이라고 생각했다. 그 꽃씨를 피워 세상을 밝게 하려 했다. 2010년 그는 대장암으로 세상을 떠난다. 어렵고 힘든 사람들과 함께한 헌신적인 삶은 미담으로 기록되어 우리 가슴에 남을 것이다.

사람을 알려면 말이 아니라 행동을 보아야 한다. 누구나 '착하게 살았습니다, 열심히 살았습니다'라고 말할 수 있다. 칠판에 분필 몸통을 대고 그으면 두꺼운 선이 생긴다. 자세히 보면 작은 분필 알갱이들이 촘촘히 모여 선을 구성하고 있다. 우리 행동이 모여 삶 자취를 만들고 그 궤적이 인생을 이룬다. 이태석 신부는 누구보다 삶을 알차고 풍요롭게 살아간 훌륭한 교육자다.

---

9) 이태석, 『친구가 되어 주실래요』, 생활성서사, 2013.

처음 발령받았을 때 EBS에서 가르치는 강사 지원을 고민했다. 전문성을 갖추고 더 많은 학생에게 강의하고 싶었다. 시간이 지나면서 지식을 전달하는 것 자체에 흥미를 느끼지 않는 나를 발견했다. 단순히 교과 지식을 적절한 비유와 구조화된 노트로 전달하는 것은 큰 감흥을 일으키지 못했다. 그런 능력은 나보다 뛰어난 분들이 많았다. 더 잘할 자신도 없었다.

그쯤, 방송인 김제동이 산골 학교를 세운다는 기사를 봤다. 어? 저런 건 어떨까 싶었다. 20년, 30년 뒤 학교를 세워보자 생각했다. 구체적인 계획도, 비전도 아직은 없지만 가슴속에 간직했다. 그 뒤로 지인들에게 말한다. 나중에 학교를 세울 테니 함께 하자고. 이야기하면 보통 웃는다. 농담이라고 생각하나 보다.

거창하고 세련되지 않아도 좋다. 이태석 신부가 그랬던 것처럼 필요한 곳에 빛과 소금 같은 학교를 만들고 싶다. 가끔 지치고 힘들 때 떠올린다.

'그래, 이제 20년 뒤 학교가 세워져 있겠네? 조금 더 능력을 키우고 준비해야지. 힘내자. 지금 경험이 도움 될 거야.' 되뇌어 본다.

한편으로 생각한다. 누군가의 롤 모델이었으면 좋겠다. 저런 사람이 있구나, 힘을 주고 길이 되어줄 수 있는 사람이 되길 바란다. 긍정적 영향을 주는 사람이 되고 싶다.

상담하고 싶다며 카톡이 왔다. 담임 학급 학생이 아니고 교과 교사로서 만난 아이였다. '담임 선생님이나 상담 선생님께 가보는 건 어떠니?'라는 물음에 대답이 왔다.

"제 카톡 목록 중에 젤 명쾌하게 답변해 주실 것 같아서요. 쌤은 먼가 밝고 스트레스 안 받고 긍정적이시잖아요. 제 상황이면 선생님은 어떻게 행동하실까 궁금해서요."

누군가의 롤 모델이 된다는 건 인생에서 작은 지침서 역할을 하는 것일 테다. 이왕이면 그럴듯한 책이 되어야겠다. 베스트셀러보다는 스테디셀러가 마음에 든다.

8

행복은 성적순이 아니잖아요

중학교 학급 문고는 낡은 도서관 귀퉁이 책장 같았다. 부모님이 학생이었을 때 봤을 법한 책들이 많았다. 아무도 관심이 없었고 쳐다보지도 않았다. 돌이켜봐도 그 시절 학급 문고의 책을 읽은 기억이 없다. <행복은 성적순이 아니잖아요> 한 권을 제외하곤 말이다.

소설은 1980년대 실제 일어난 여중생 자살 사건을 모티브로 한다. 그 아이는 처음으로 1등을 놓치고 2등을 하여 어머니로부터 심한 꾸중을 듣는다.

"친구를 많이 사귀고 싶고 남을 사랑하고 싶다. 그러나 어머니는 친구들을 만나지 못하게 하고 음악도 듣지 못하게 하며 친구들 편지를 찢어버렸다. 행복은 성적순이 아닌데 공부만 요구받는 삶에 경멸을 느낀다."

편지를 남긴 여학생은 아파트에서 뛰어내렸다.

30년이 지난 이야기지만 지금도 종종 비슷한 일이 발생한다.

한국은 6.25 전쟁 이후 국가 주도 성장으로 선진국 반열에 올랐다. 자원이 없는 나라에서 교육 통한 인적 자원 양성이 최우선되었다. 학업 성적이 그 사람 가치를 결정했다. 좋은 대학을 나온 사람은 1등급 도장이 찍힌 가축처럼 인정받았다.

산업화 초기 단계는 급격한 변화와 함께 일자리가 많았다. 성장 자리가 잡히고 발전 속도가 완만해졌다. 사람들이 원하는 일자리가 줄고 기준은 높아졌다. 교육 기회는 늘어 누구나 대학을 졸업했다. 경쟁 사회가 찾아왔다. 한발 앞서기 위한 희생이 당연하게 받아들여졌다. 초등학생부터 대학생까지 학업 스트레스에 시달린다. 때로 위 여중생처럼 슬픈 소식이 전해온다. 교육 제도를 비판하는 기사가 쏟아진다. 공부가 중요한 게 아니라고 말한다. 학생들이 불쌍하다고 한다. 그때뿐이다. 달라지는 것은 없다. 공염불을 반복한다.

공부를 잘하든 못하든, 관심 있든 없든 공통점이 있다.
"공부를 잘하고 싶어?"라고 물었을 때 "아니요."라고 말하는 학생이 없다는 것이다. 누구나 공부를 잘하고 싶어 한다. 왜 잘하고 싶냐고 물어봤다. '칭찬받잖아요, 부모님이 좋아하잖아요, 대학에 잘 가잖아요.' 대답이 나온다. '그럼 열심히 하지 그러니'라고 묻는다. 자기는 이미 늦었단다. 중학교 2학년, 인생 쓴맛을 많이 봤구나 싶다.

얼마 전 1학기 중간고사 시험 전 학급 아이들에게 말했다.
"최선을 다해서 열심히 공부하자. 할 수 있어."

말하며 씁쓸하다. 변화할 아이들 모습을 안다. 고등학교 1학년 첫 시험에서 의욕을 가지고 열심히 하던 아이들이 시간이 지나면서 포기하는 법을 배운다. 시험은 참여에 의의를 둔다. 학교는 졸업장을 위해 잠시 머물러가는 곳이 된다.

한편으로 열심히 하자, 할 수 있다는 말도 불편하다. 고등학생 시절, 잠시 농구에 빠졌다. 친구 한 명과 함께 저녁 자습 시간에 몰래 나와 슛 연습을 100개씩 했다. 드리블하는 법도 배웠다. 노력만큼 실력이 향상되면 좋았으련만 그러지 못했다. 생각만큼 늘지 않았고 좌절하는 마음이 커졌다. 어느 순간부터 농구 연습을 그만두었다. 뒤처지는 실력에 작아지는 기분이었다. 학창 시절을 돌아보면 체육 시간, 미술 시간은 늘 그랬다. 잘하지 못하니 관심이 떨어지고, 기본 재능이 부족하니 실력 향상이 느렸다.

공부도 그랬다. 고등학교 동창 A는 암기 과목 공부를 전날 혹은 당일 아침에 하곤 했다. 거짓말처럼 들리겠지만 아침 자습 시간에 집중해서 공부하고 나면 그 과목에서 90점 이상을 받았다. 세상 불공평하다고 속으로 얼마나 투덜거렸는지 모르겠다.

교사에 대한 비판 중에 학원 강사처럼 교재를 연구하고 수업 좀 잘하라는 의견이 있다. 어느 정도 공감하지만 억울한 부분도 있다. 학원 강사와 학교 교사는 지향점이 다르다. 목이 터지라고 열정적으로 수업해서 모두 100점을 맞았다고 하자. 학원 강사는 최고라고 칭송받을 것이다. 학교 교사는 사유서를 작성해야 한다. 평가에 실패했기 때문이다. 교사는 적절한 평균으로 순위를 내는 것이 임무다. 최선을 다해서 가르치지만 모두 시험을 잘 치면 안 되는 모순적 상황이다. 그러면서 노력을 채찍질하고 낮은 점수를 나무란다. 애초에 선별이 목적인 사람이 점수로 아이들을 대하는 것이 옳은 일일까.

아이를 어떻게 바라보면 좋을까. 조금씩 '아이 탓'을 하고 숫자로 학생을 바라보려 할 때, 이금희 수석 선생님의 책을 꺼내 든다.[10]

30여 년간 아이들을 가르치신 이금희 수석 선생님은 모두가 아이의 '행복'을 위해 교육을 한다고 하지만, 정작 그 행복을 누릴 아이에게 질문하지 않음을 지적하신다.

"요즘 너는 어떠니?"

아이들은 뭐라고 대답할까, 어떤 대답이 나오면 좋을까. 누구도 아이가 처음 이 세상에 태어났을 때 좋은 대학 가서 부자 되길 바라지 않는다. 건강하고 행복한 삶을 살다 가길 기원한다. 그 마음이 언제부터 변하는 걸까. 스스로의 인생에서 아이들은 선량하고 따뜻하다. 그래서 교육은 '내가 참 괜찮은 사람임을 알게 하는 것'이라고 말씀하신다. 그렇게 믿자고 당부하신다.

무뎌지는 마음을 윤문한다.
아이를 괜찮은 사람으로 바라보자. 행복은 성적순이 아니다.

---

10) 이금희, 『이금희의 국어수업』, 피서산장, 2019.

Part
4

교육공동체 속에서
살아남는 기술

1

내 맘을 알아주는 사람

신규 임용 교사 연수 때였다. 5년 차 되는 선생님 강의가 있었다. 다른 강의와 조금 달랐다. 대학에서 강의하는 교수님이나 베테랑 선생님이 아니라 이제 첫 발령지 근무를 마친 선생님이었다. 다른 강의도 좋았지만 가장 기억이 남는 시간이었다.

두 가지 이유가 있다. 하나는 강의하신 선생님이 열정적으로 교직 생활을 하신 분이었기 때문이다. 그때는 몰랐다. 1년 연수 시간이 300시간을 넘었다는 말의 의미를 말이다. 두 번째는 같이 근무하는 선생님의 중요성에 대해 조언해주셨기 때문이다. 동료 선생님에게 큰 힘을 받았다는 말을 흘려들었다. 머리로는 알지만 내가 잘해야지 하는 생각이 더 강했다. 선배 선생님 말씀을 곱씹어 보았어야 했다.

첫 발령지는 교직원 평균 연령이 높은 편이었다. 비슷한 나잇대 선생님이 한두 명뿐이었다. 대부분 열 살에서 스무 살 이상 선배 교사셨다. 학교 일이나 업무 질문을 하면 친절하게 알려주

섰다. 다만 나이 차가 나니 마음을 털어놓고 이야기하기는 어려웠다. 처음이라 어설픈 것투성이였다. 혼자서 어떻게든 처리하려 발버둥을 쳤다.

학기 초 아이들은 대체로 차분하다. 낯선 교실에서 새로운 얼굴들과 시작하기 때문이다. 올해는 좀 달라져야지, 공부를 열심히 해야지 생각한다. 2~3주 정도가 지나면 본연의 모습(?)으로 돌아간다. 생기발랄한 그 나잇대 모습으로 말이다. 3월에 기선 제압을 잘해두어야 한다는 이야기가 여기서 비롯한다. 아직 얌전할 때 반 분위기를 잡아두어야 1년 농사가 편하다는 인식이다.

아무런 경험이 없던 나는 순진하게 아이들이 처음 같을 줄 알았다. 학급 담임으로, 교과 교사로 마주하며 늘 좋을 수는 없었다. 시간이 지나며 아이들과 부딪히는 일이 생겼다. 듣기 싫고 하기 싫은 말이 오고 갔다. 그리고 나면 아이와 관계가 소원해진다. 학생과 거리를 유지하며 당근과 채찍을 적절히 주는 일은 지금도 어렵다. 당시에는 오죽했을까. 풀 죽은 아이들 모습에 마음이 약해져 되려 할 말을 못 할 때도 있었다.

학년이 끝나가던 어느 날 교무실에서 A와 상담 중이었다. 학생 A는 우리 반에서 가장 눈에 띄는 아이였다. 집안 사정이 어려웠고 학교생활도 무기력했다. 여러 사건에 연루되어 징계를 받기도 했다. 학년 초부터 대화하고 다독거린 아이였다. 그날 대화 주제도 평소와 같았다. 학교생활을 지금이라도 열심히 해보자는 설득이었다.

"A야, 교과별로 과제 조금씩 해보는 걸로 쌤이랑 약속했잖아. 맞지?"

"네."

"근데, 이번에 또 노트 정리 수행평가 안 했다고 다른 선생님들이 이야기하시더라."

"…"

"약속했으면 지켜야지. 쌤 마음 서운하다. 너랑 이런 말 계속했는데 달라지는 게 없네. 쌤이 어떻게 하면 좋을까?"

"…"

"말을 해야 네 생각을 알지."

"…"

"쌤이랑 대화하기 싫어?"

"…"

"쌤이 어떻게 해줬으면 좋겠어?"

"그냥… 신경 안 썼으면 좋겠어요."

"너한테 그냥 신경 안 썼으면 좋겠어?"

"네."

순간 말문이 막혔다. 화가 났다. 도대체 무슨 생각으로 살까 싶기도 했다. 복잡한 마음으로 A를 집에 돌려보냈다. 책상에 멍하게 앉아있었다.

"쌤, 무슨 일 있어요? 표정 안 좋네."

옆자리 선생님이 자리에 돌아오며 말을 건넸다. 평소라면 별말을 하지 않았을 텐데, 답답한 마음에 하소연하듯 털어놓았다.

말을 끝내면서 속으로 아차 했다. 괜한 말을 드린 건가, 이런 일도 처리 못 한다고 생각하면 어떡하지 싶었다. 이야기를 듣고 난 다음 선생님이 말씀하셨다.

"진짜 속상했겠다. 애들이 쌤 마음이랑 다르게 행동하면 마음이 상하죠. 잠깐 차 한잔해요."

평소 이런 대화를 나눈 적 없었다. 속마음 내색하는 것이 실례라고 생각했다. 혼자서 감당하려고 했다. 잘못된 생각이었다. 툭하고 털어놓은 마음 보따리를 선생님은 진지하게 받아주셨다. 퇴근 전까지 이야기를 주고받았다. 비슷한 경험 있기에 속상한 감정을 잘 아셨다. 몇십 년 친구라고 해도 교사가 아니라면 이해 못 할 이야기였다. 당신 경험을 말해주셨다. 정답은 없지만 참고하라며 따뜻한 위로를 주셨다. 지지, 공감이 큰 힘이 되었다. 속상했던 마음이 풀어졌다. 감사했다. 몇 개월 만난 선생님이 오랜 친구처럼 든든했다. 털어놓음으로써 마음이 채워졌다.

A와 다음 날 다시 이야기를 나눴다. 마음을 헤아리지 못하고 강압적으로 몰아넣은 거 같다고 사과했다. 도움이 필요하면 언제든 이야기해달라고 했다. 별다른 대답을 듣지 못했다. 시간이 지나 학년 마지막, 학급 아이들이 선물한 롤링페이퍼에 A는 뒤늦게 답장했다.

'선생님, 제가 막 나갔던 것 같은데 선생님 덕분에 배운 것이 많아요. 감사합니다.'

아이들에게 "모르는 건 부끄러운 게 아니다, 알려고 하지 않는

게 부끄럽다."라고 한다. 정작 나 자신은 그러지 못했다. 이제는 조언 구하는 걸 두려워하지 않는다. 혼자 생각하는 것보다 다른 분들 의견을 듣고 참고한다. 경험담을 듣는 게 소중하다는 것을 잘 안다. 얼마 전 파견 근무할 기회가 생겨 고민 중이었다. 문득 머릿속으로 전 학교에서 함께 근무한 선배 선생님 한 분이 스쳐 갔다. 긍정적이고 진취적이시며 수업도 잘하셔서 존경하는 분이 었다. 안부도 없이 전화한 후배를 웃으며 반겨주셨다. 아니나 다 를까 선생님은 폭넓은 시각으로 상황을 짚어주시고 힘을 주셨다. 결정에 큰 도움을 받았다.

이런 거창한 이유가 아니더라도 동료 선생님과 소소한 수다도 좋다. 가끔 업무를 하다 속상한 일이 생기면 서로 불만을 털어놓 기도 한다. 힘든 일은 나누면 절반이라고 하지 않는가, 학교생활 의 큰 버팀목이 된다. 올해 학년 교무실 선생님들은 따뜻하고 멋 지시다. 학교생활이 즐겁다. 내 맘을 알아주는 사람들이 가득해서 좋다.

2

함께 하는 동료를 만나자

고인 물은 썩기 마련이다. 하늘에서 비가 내리거나, 다른 경로로 물이 유입되어야 생명을 유지할 수 있다. 교사도 마찬가지다. 처음 학교 일은 적응이 필요하지만 어느새 익숙해진다. 그 뒤로는 몸에 익은 방식대로 살아가려 한다. 변화의 필요성을 느끼기가 어렵다. 간혹 어떤 계기로 의욕이 샘솟는다. 그래, 열심히 수업해야지 하며 이것저것 찾아보고 자기 수업에 적용해본다. 아이들 반응은 시큰둥하다. 노력해도 눈에 띄는 성과가 나타나지 않는다. 원래대로 돌아간다. 하던 대로 하는 것이 편하다.

정지한 물체에 변화를 주려면 힘이나 에너지를 가해야 하지만 그걸로는 부족하다. 지속적이어야 한다. 어떻게 하면 주기적으로 자극받을 수 있을까? 사람은 사회적 동물이다. 다른 사람에게 영향받고 스스로 돌아보게 된다. 교육실습생 시절 대한민국에 수업혁신의 바람이 불고 있다는 말을 들었다. '배움의 공동체' 수업을 비롯한 변화에 적응해야 했다. 운이 좋았다. 근무하는 학교마다 함께 공부하자고 하는 선생님이 계셨다.

1년 차에 교과 연구회 모임, 각종 연수에 참여했다. 수업에 대한 방향성을 얻을 수 있었던 뜻깊은 시간이었다. 2년 차에 참여한 수업 모임은 신선했다. 교내 선생님들 중 희망하는 사람이 1~2주에 한 번씩 모였다. 자기 수업을 이야기하고 피드백을 받았다. 학교생활에 어려움이 있으면 공유하고 위로했다. 함께 해결책을 찾으려 했다. 평소 대화할 시간이 부족해 만나기 힘든 선생님과도 친분을 쌓을 수 있었다. 경험 많은 선생님들 이야기를 들을 수 있어 좋았다.

3년 차에는 눈을 지역 바깥으로 돌렸다. 전국 교사를 대상으로 한 수업 연구 모임을 신청했다. 다른 지역에서 근무하는 선생님들의 다양한 생각을 들을 수 있었다. 수업 내공이 어마어마한 선생님들을 보면서 우물 안 개구리였음을 느꼈다. 마지막 모임 날, 기회가 되어 수업 사례를 발표하게 되었다. 선생님들이 발표 내용에 대해 질문하고 열심히 한다며 칭찬해 주셨다. 비슷한 고민을 하는 교사들이 전국에 있고 멋진 분들이 많다는 걸 알았다. 시야를 넓힐 수 있었던 기회였다.

교과를 넘어선 연구 모임도 참여했다. 4년 차에 체인지 메이커 연수를 들었다. 체인지 메이커란 자신과 세상에 올바른 변화를 불러일으키는 능동적인 인간상을 말한다. 길을 통한 치유를 믿고 제주 올레길을 만든 서명숙 이사장이 대한민국 1호 체인지 메이

커이다. 체인지 메이커 수업은 교과를 넘어 삶의 가치관을 가르쳤다. 그 진가를 제대로 맛보진 못했지만 새로운 세상에 눈이 휘둥그레졌다.

대개 이런 모임에 참여하시는 분들은 교육 열정, 학생 사랑이 넘치는 분들이다. 함께 하기만 해도 긍정적 에너지를 받을 수 있다. 학교에 가만히 앉아 정해진 일만 했다면 지금 모습이 어땠을까 생각해본다. 흡족한 상태는 아니었을 것 같다. 사막 오아시스처럼 수업 고민, 교직 궁금증을 해소할 수 있었다. 성장 동력이 되었다.

작년부터는 고래 학교라는 전국 모임에 참여하고 있다. 설립자이자 교장이신 최선경 선생님 말씀을 빌리자면 '교사들이 서로 긍정적 영향을 주고받음으로써 함께 성장할 수 있는 공간'이다. 나의 고민이 우리 것임을 알고, 속상한 일을 위로한다. 존재 자체로 괜찮은 사람임을 되새긴다. 습관 만들기 프로젝트를 인증하고 실천한다. 메시지를 담은 오늘의 한 줄을 공유한다. 학급 경영, 수업 팁을 알려준다. 정기적으로 모임을 가지고 주제를 정해 무엇이든 가르치고 이야기한다. 이런 모임이 있어 감사할 따름이다.

누군가 생각했다.
'한 학교를 넘어 지역 여러 학교에서, 지역을 넘어 전국 선생님들이 모이면 어떨까?'
'21세기 아이들은 빠르게 변하는 세상을 살아가게 되는데, 지

금 교육 방식으로 충분할까?'

'전국 모든 학교에서 공교육이 혁신할 수 있도록 만들고 싶다.'

2013년, 대한민국에 '거꾸로 교실'이라는 수업방식을 소개한 미래교실 네트워크 팀 이야기다. 21세기에 필요한 핵심 역량을 기를 수 있는 교육을 연구한다. 교육 혁신 관련 출판물을 제작하고 교사들의 온·오프라인 모임을 지원한다. 학생과 교사가 참여하는 다양한 워크숍을 통해 자신들의 정신을 알린다. 이들은 말한다.

"모두가 교육 위기를 걱정할 때 희망을 만들겠습니다."[11]

누군가 생각했다.

'교사들이 교육을 실천 공유하고 함께 성장하는 터전이 되는 전문적 네트워크가 있으면 좋겠어.'

'부당한 간섭과 억압에 맞서 교육 독립성과 자율성을 지키고 교사 목소리가 반영되었으면 해.'

'현장을 기반으로 한 실천교육학을 창출하는 연구 터전은 없을까?'

2015년 10월, 교사들이 모여 실천 교육 교사모임이 만들어졌다. 정부 정책에 대해 주기적으로 논평과 성명을 낸다. 교사가 만들어가는 교육 이야기라는 이름으로 모임을 주최한다. 코로나19 관련해서 성금을 모아 대구·경북 교육청에 전달하기도 했다. 전국에 지부를 두고 활발히 활동 중이다.[12]

---

11) 미래교실 네트워크(https://office.futureclassnet.org/) 소개 참조.
12) 실천교육교사모임(http://koreateachers.org/) 소개 참조.

오해하지 마시라. 나는 두 단체와 관련이 없다. 교육에 대해서 이야기를 나누고 뜻을 함께할 수 있는 곳이 이렇게나 많고, 멋지게 활동하고 있다고 알리고 싶었다. 참여하지 않아도 좋다. 저런 곳이 있다는 사실을 아는 것만으로 충분하다. 성장하고 싶을 때, 위로받고 싶어질 때 문을 두드려 보자. 큰 힘이 되리라고 믿는다. 같은 생각을 하는 동료 교사를 만난다는 것은 축복이자 교직 생활의 비타민이 될 것이다.

3

모든 선생님은 훌륭하다

MBTI 성격 유형 검사가 유행이다. 자기 성향을 파악하면 인생을 살아가는 데 도움이 된다. 교사 생활도 마찬가지다. 교사하고 알았다. 나는 생각보다 꼼꼼하고 소심했다. 자질구레한 걱정도 많았다.

업무 처리는 물론이고 학생들에 대한 일에는 신경이 곤두섰다. 학급 학생들을 일일이 살펴보며 필요한 것이 무엇일까 고민했다. 학습 조언이 필요한 아이에겐 공부 방법을 알려주었다. 애정이 필요한 아이에겐 관심을 기울이고 말을 걸었다. 준비물을 잘 챙기지 못하는 학생, 과제 미제출이 많은 학생들도 꼼꼼히 챙겼다. 학급 회의가 있을 때면 진행 순서부터 해서 세심히 살폈다. 충고와 조언을 아끼지 않았다.

동교과 선생님 중 한 분은 정반대였다. 학급 경영 스타일 MBTI 검사가 있다면 자유방임형이 나오셨을 것이다. 필수적으로 해야 하는 일 이외에 나머지 부분에 대해서는 관심을 두지 않으셨다.

다른 학년의 A반을 담당하셨는데 학급 학생과 이야기 나누는 모습을 거의 못 봤다. 학급 행사가 있으면 내버려 두는 것 같았다. 수업을 통해 만나는 A반은 정리가 안 되어있고 무질서했다. 관심을 기울여주셔도 좋을 텐데 싶었다.

여느 때처럼 학교 시간은 쏜살같이 흘러갔다. 봄에 만난 녹색의 푸른 아이들이 가을 단풍 여러 빛깔로 물들어가고 있었다. 축제 준비를 위해 학급 회의를 하는 자율활동 시간이었다. 아이들에게 맡겨두고 뒤에서 지켜봤다. 반장 말에 귀를 기울이는 아이가 반, 관심 없는 아이가 반이었다. 귀 기울이는 아이 중에 의견 내는 아이가 반이고 가만히 듣고 있는 아이가 반이었다. 무기력한 아이들 모습에 마음이 답답했다.

쉬는 시간 교무실에 가며 학급 아이들을 어떻게 움직이게 할까 생각하던 중이었다. 소란스러운 소리에 멈춰 섰다. 가만히 들어보니 아이들이 대화하는 소리였다. A반이었다. 2학기에는 수업에 들어가지 않아 오랜만에 얼굴을 보았다. 창문 너머 보이는 아이들 표정이 생기발랄했다.
'얘들이 언제부터 이런 모습이었지?'
목소리에 귀를 기울였다.
"의견이 두 가지 나왔습니다. 귀신의 집이랑 노래방 부스 중에 투표로 정하겠습니다. 거기 좀 집중합시다."
"야, 집중해라."
"나중에 다른 소리 하지 말고 너희도 지금 손들어."

반장이 회의를 주관했다. 참여하지 않는 아이들을 주변에서 다잡아주었다.

"투표 결과 귀신의 집이 선정되었습니다. 부스를 꾸며야 합니다. 혹시 같이 꾸며줄 사람은 손들어주세요."

몇 명이 손을 들었다.

"그러면 나머지는 그때그때 필요한 내용을 부탁하는 걸로 하겠습니다."

우연히 본 모습은 신선했다. 교사 없이 아이들이 스스로 진행하는 회의를 보는 것이 처음은 아니었다. 특별했던 이유는 A반 학생들 대부분이 회의에 관심을 기울이고 있었기 때문이다. 반장이 중심을 잡고 참여하지 않는 아이들을 주변에서 독려하며 함께 하자고 했다. 그 부분이 감탄스러웠다.

그 후로 A반 아이들을 유심히 지켜봤다. 학년 초 모습은 온데간데없었다. 다들 학급에서 자기 역할이 있었다. 시험 기간, 수업 시간에 교실이 살아있었다. 어떻게 바뀌었나 궁금했다. 교과협의회를 하며 A반 선생님을 만날 기회가 있어 여쭈었다.

"선생님, A반 애들 저번에 축제 회의를 준비하는 거 봤는데, 아이들이 참여도 잘하고 반장이 잘 이끌어 나가더라고요. 분위기가 활기차고 생기 있는 모습이었어요. 대단하다 싶었습니다. 저희 반은 그런 게 잘 안돼서요. 비결 좀 알려주세요."

"에이, 그거야 애들이 알아서 하는 거지. 나는 몰라."

"선생님이 잘 지도하셔서 그런 거 아니겠습니까."

"애들은 원래 하라고 하면 안 한다. 맡겨두고 내버려 두어야 움직여. 쌤도 반 애들 가만히 보면 그럴걸?"

가만히 놔두어야 한다니, 생각과 상반된 말씀이었다. 정말 그럴까 싶었다. 2학기 기말고사가 끝나고 연말이 다가왔다. 크리스마스 학급 행사 준비를 위해 회의를 진행하려던 참이었다.

"애들아, 이번 크리스마스 행사는 너희가 운영해보자. 하고 싶은 거 이야기를 나누고, 의견을 받아 결정해서 너희끼리 준비하자. 쌤 도움이 필요하면 이야기하고."

결과는 놀라웠다. 처음 당황한 눈빛이던 반장은 이내 앞으로 나와 모둠을 만들게 지시했다. 각 모둠별로 크리스마스에 하고 싶은 것을 논의해서 적었다. 한 명을 제외하고 나머지 아이들이 모둠별로 돌아다니며 나온 의견들을 수정, 보완했다. 토론 방법의 하나인 월드 카페 기법을 활용한 회의였다. 모둠별로 결정된 내용을 앞에서 발표하고 투표했다. 세 가지가 선정되었다. 우리 반끼리 크리스마스 양말 맞추기, 각자 선물을 들고 와서 무작위로 교환하기, 크리스마스 기념 영화 보기. 크리스마스 당일, 아이들이 즐거워했음은 말할 필요가 없을 것 같다. 따뜻하고 행복한 날이었다.

초임지 발령받은 신규교사는 자기 나잇대부터 시작해서 근무 경력 30년이 넘은 분까지 만나게 된다. 다양한 사람들이 모여있다는 말은 나와 성향이 다른 사람이 많다는 뜻이다. 불편한 선생님, 교육관이 다른 선생님이 있을지도 모른다. 속단하지 말고 배울 점을 찾아보자. 교사는 모래사장에 숨겨져 있는 금싸라기를 찾듯 아이의 장점과 재능을 발견하는 사람이다. 마찬가지로 주변 선생님들을 바라보자.

모든 선생님은 훌륭하다. 당신이 조금만 시선을 달리한다면 말이다.

4

나를 지키는 거리 두기 기술

"친구 같은 선생님이 될게요 / 되어주세요."

학생들과 예비 교사가 될 후배에게 가끔 듣는 말이다. 친구 같은 교사란 문구는 달콤하다. 아이들 입장에서 편하고 친근하다. 내 마음 속속들이 알아줄 것 같다. 예비 교사 입장에서 학생에게 따뜻하게 다가가고 마음을 알아주는 모습을 상상한다. 초원길 사이 가지런한 길을 스승과 제자 몇 명이 걸어가고 있다. 자유로운 대화 속에 웃음꽃이 핀다. 풍경이 조화되어 아름답다.

교육 실습 기간은 천국과 지옥이 공존했다. 아이들은 젊은 교생선생님을 보고 열광한다. 한편으로 평소 선생님에게 하지 못했던 행동을 했다. 사제지간을 떠나 예의를 찾아보기 힘들다. 우리 학창 시절과 또 달라진 모습에 놀란다. 실습이 끝나고 반응이 나뉜다. 교사가 되어야겠다는 결심이 확고해지기도 하지만 아이들과 관계가 어려워 다른 진로를 찾기도 한다.

나에게는 꿈같은 시간이었다. 한 달이 쏜살같이 지났다. 마지막 인사가 아쉬웠다. 임용시험을 준비하며 생각했다.

'첫 시간에 뭐라고 인사하면 좋을까. 같이 무얼 하면 좋을까. 어떤 아이들을 만나려나.'

지치고 힘들 때 이런저런 상상을 하며 스스로 격려했다.

지난한 수험생활이 끝나고 3월이 왔다. 상상이 현실이 되는 순간이었다. 상호신뢰하며 친근감을 느끼는 인간관계를 교육학 용어로 래포(rapport)라고 한다. 시간이 지나면서 아이들과 래포가 형성된다고 느꼈다. 가까워진 아이들이 졸졸 따르곤 했다. 아이들이 좋아해 주고 관심을 기울여주었다.

생활 지도는 상벌점제를 기반으로 이루어졌다. 정해진 등교 시간 이후 무단 지각하면 벌점이 부여되는 식이다. 마스카라, 틴트 등을 사용한 진한 화장은 벌점 부여 대상이었다.

'화장 좀 하면 어때? 자기 할 일 열심히 하면 되지.'

화장을 단속하고 벌점을 준다는 것이 내심 불만이었다. 벌점을 부과하며 관계가 어색해지는 것도 싫었다. 우리 반 아이들이 화장이 진하더라도 별다른 말을 하지 않았다. 화장품을 사용하더라도 다른 선생님께 걸리지 말라고 주의 주는 정도였다.

어느 날 우리 반 아이가 다른 선생님에게 화장하다 적발되었다. 틴트 압수를 요구하는 선생님에게 아이가 불평하다 말했다.
"우리 반 쌤은 안 잡는데 왜 쌤이 자꾸 그래요."

얼굴이 화끈거렸다. 무언가 잘못되었다 싶었다. 아이를 불렀다. 선생님에게 버릇없이 말했다, 규정은 규정이라고 혼냈다. 아이를 보내고 한숨이 나왔다. 할 말이 없었다. 다른 선생님 생활지도도, 아이 행동에도 문제가 없었다. 내 잘못이었다.

수업 중 실없는 농담을 자주 한다. 교과 특성상 수업 내용이 어렵고 지루하다. 모둠 활동도 자주 하는 편이라 자유롭고 밝은 분위기가 중요했다. 화내고 꾸중하고 나면 교실 공기가 무거워진다. 아이들뿐만 아니라 나 역시 굳는다. 그런 모습이 싫었다. 평소 같은 어느 날, 수업 종이 울리고 교실에 들어가는데 과자를 먹고 있는 아이가 있었다. 평소 밝은 얼굴로 인사하며 농담을 주고받던 아이였다.

"OO아, 수업 시작했다. 과자 치우자."
"네."
대답하며 아이는 과자를 몇 번 더 손에 쥐고 입안으로 넣었다. 두 번 정도 더 이야기하고 나서야 얼마 남지 않아 보이는 봉지를 서랍에 집어넣었다. 별다른 말을 하지 않고 수업을 진행했다. 다음 시간에도 과자를 먹고 있었다.

"OO아, 수업 시작했다. 과자 치우자."
"네."
같은 장면이 반복되었다. 아이는 이번에도 느긋하게 과자 봉지를 치웠다. 한마디 할까 하다가 말을 삼켰다. 괜히 얼굴을 붉히기 싫었다. 수업 진행도 생각했다. 그다음 시간, 어김없이 과자가 손에 있었다.

"OO아, 과자 먹지 말라고 몇 번 이야기해야 들을래? 멋대로 행동할래?"

꾸중했다. 아이 표정이 굳어졌다. 그 뒤로 학년이 끝날 때까지 아이는 나와 대화하지 않았다.

아이들 고민은 가벼운 친구 문제부터 시작해서 무거운 집안일까지 제각각이었다. 전자는 크든 작든 시간이 지나면서 해결이 가능했다. 후자가 문제였다. 학교에서 교사가 해줄 수 있는 일은 한계가 있다. 우울증이 심한 아이가 있었다. 위클래스 상담 선생님보다 나와 이야기하길 선호했다. 자주 찾아와 속마음을 털어놨다. 집중해서 상담하고 이야기를 들어주다 보니 마음이 지쳐갔다. 부담되었지만 거절하기 힘들었다. 할 수 있는 한 최선을 다하고 싶었다. 감정을 무작정 받아주었다. 어느 순간 무너지는 느낌이 들었다.

화장 단속, 수업 시간 과자 먹기 일화를 다시 보자. 학생에게 일관적 기준으로 규칙을 세워야 할 교사의 역할을 제대로 하지 못했다. 아이들의 눈높이에서 가깝고 편한 관계를 추구하다 오히려 좋지 않은 결과를 낳았다. 상담 이야기를 돌이켜본다. 모든 이야기를 친구처럼 받아줄 수 없었다. 적당한 거리 유지가 필요했다. 학생을 걱정한다는 선의였지만 내 마음을 지키지 못했다는 걸 깨닫는다.

학생들이 언제든지 편하게 다가올 수 있는 친구 같은 선생님이 바람직하다고 생각했다. 숲을 보지 못하고 나무만 봤다. 교사는 교사로 존재해야 한다. 교사가 아니라도 친구가 되어줄 사람 있지만 교사 역할은 교사만이 할 수 있다. 학생들이 편하게 다가올 수 있지만 동시에 어려워해야 한다. 학생에게 온 마음을 다하지만 내 마음도 남겨두어야 한다.

　　역할을 분명히 하자. 건강한 교직 생활을 위해서 한 발자국 물러나 숲을 보자. 나를 지키기 위한 거리 두기 기술이 더 많은 것을 눈에 들어오게 할 것이다.

5

30년 뒤를 그려보자

고등학교에 갓 입학한 아이들을 만난다. 설렘 반 긴장 반인 눈동자와 마주한다. 무슨 말을 건네면 좋을까.

"입학을 축하한다, 빛나는 미래를 기원해."

"이제 고등학생이니 정신 차리고 대학입시 준비하자, 시작이 중요하다."

여러 말들이 입에서 맴돈다. 이런저런 이야기하다 마무리한다.

"3년 동안의 모습을 그려보세요. 그리고 그 뒤 30년을 상상하세요."

학교를 옮기고 얼마 지나지 않았을 때였다. 교장 선생님이 부르셨다. 인사드린 지 얼마 되지 않아 긴장하는 마음으로 교장실에 갔다. 자리에 앉으라시고 차를 권해주셨다.

"정 선생님이 올해 교직 몇 년 차이시죠?"

"네. 올해 5년 차입니다."

"음, 그렇군요. 이것저것 학교 일을 열심히 한다고 들었습니다.

좋은 자세라고 생각합니다. 한 가지 이야기해 주고 싶은 것이 있어 불렀습니다. 교사는 전문성이 있어야 합니다. 이 분야 하면 정 선생님이다 하고 사람들이 떠올릴 수 있어야 한다는 이야깁니다."

머리를 굴려보았다. 학생 1인 1책 쓰기로 유명한 수석 선생님, 생활 안전 분야 컨설팅 요원으로 활동하는 학생부장님이 스쳐 갔다.

"그러기 위해서 교직 생애에 대해 표를 만들어보면 좋습니다. 여기 잠깐 보세요."

옆에 놓인 빈 종이를 가져오시고 가로, 세로줄을 그으셨다. 나이를 물으시더니 상단 왼쪽 귀퉁이에 적으셨다. 표의 세로는 현재 나이에서 5년씩 더해진 나이 선이 되었다. 가로는 교직 생활과 개인 생활 두 칸으로 구분했다.

"시기마다 삶의 변곡점을 예상해야 합니다. 실례지만 결혼 예정이 있으신지요?"

"아직 없습니다."

"앞으로 결혼하고 자녀를 가지는 시기가 올 겁니다. 생각하기 힘든 일이지만 부모님이 세상을 떠나는 일도 있겠지요. 이런 인생 이벤트를 고려해서 개인 생애 주기표를 그립니다."

일반적인 삶의 주요 사건들을 채웠다. 결혼, 출산, 퇴직 같은 것들 말이다.

"이 옆에 교직 생활 생애 주기표를 그려봅니다. 교사로서 발전할 수 있는 다양한 방향이 있겠지요. 가령 승진을 생각할 수 있습니다. 반드시 승진하라는 말이 아닙니다. 미래 가능성으로 생각해볼 수 있겠죠. 장학사 같은 전문직 전직을 통해서 또 다른 전문성을 발휘할 수 있습니다."

승진한 내 모습을 잠시 그려보았다. 잘 떠오르지 않았다. 학교 전반적인 일 관리와 책임을 맡는 것은 부담스럽게 느껴졌다.

"수업에 관심이 많다고 들었습니다. 수업 전문가로서 길을 만들어갈 수도 있겠죠. 우리 학교 수석 선생님 하면 국어교육 전문가시지 않습니까. 21세기 사회가 요구하는 인재를 키워야 합니다. 그러기 위해 교사도 끊임없이 연찬 과정을 거쳐야 하겠지요. 필요하다면 대학원 진학을 고려할 수 있습니다. 동료 선생님과 함께 연구하는 것도 좋습니다. 과거 교사 시절, 주변 선생님들과 교과서를 집필한 적이 있어요. 교사가 중심되어 교과서 쓰는 건 드문 일이었지만 시도했고 성공했습니다."

교과 수업 전문가는 매력적인 명함이었다. 국가에서 수업 전문성을 보장하기 위해 만든 수석교사제도에도 관심이 있었다. 다만 역량이 될지도 걱정이고 수업 연구에만 매진하는 일이 즐거울지 확신하기 어려웠다.

대학원 진학도 고민하는 문제였다. 교과교육, 순수 교과, 교육학 중 어느 것을 전공할지 갈팡질팡했다. 교사 재교육을 위한 교육대학원과 학문 연구를 위한 일반대학원 중 선택도 고민이었다. 교장 선생님의 마지막 말씀이 이어졌다.

"교직 생활이 생각보다 깁니다만 정신 차리지 않으면 쏜살같이 지나갈 겁니다. 후배 교사들이 봤을 때 어떤 모습의 선배가 될까도 생각해봤으면 합니다. 오늘 말한 거 한번 작성해보세요. 숙제입니다. 허허."

'30년 뒤 모습을 그려보라.'

쳇바퀴 같은 일상 속 생각지 못한 말이었다. 10년 뒤도 아니고 30년 뒤의 미래는 멀게만 보였다. 어떤 모습으로 퇴직하게 될까. 교장 선생님의 담백한 말씀이 무거웠다. 닥쳐오는 일에는 충실했다. 그 활동들이 씨줄과 날줄이 되어 무언가 만들 수 있을까 묻는다면 대답이 어려웠다. 관통하는 큰 줄기가 없었다.

지금은 교직 생애 주기표를 그릴 수 있나 물으실 것 같다. 여전히 생각만 많다. 고민 말고 GO, 걱정 말고 GO라고 하는데 한 발자국 시작이 무겁다. 이전 학교에서 동교과 선배 선생님은 미래 조언을 아끼지 않으셨다. 대학원 진학부터 교사로서 이력에 도움이 될 활동들을 추천해 주셨다. 말해주신 만큼 따라가지 못했지만 감사할 따름이다. 학생들에게 교사가 필요한 것처럼 교사에게도 담당 선생님이 있었으면 좋겠다 싶다.

다시 머릿속으로 그려본다. 작년 교장 선생님과 대화하고 생각했던 미래가 조금은 달라졌다. 내년이 되면 오늘과 또 달라져 있을 것 같다. 무엇이 되었든 스스로 만족할 수 있는 길을 걸어가고 싶다.

6

훌륭한 학생이
최고의 교사가 될까?

    조제 무리뉴는 포르투갈 출신 축구 감독이다. 그의 이력은 스페인, 이탈리아, 영국을 거치며 화려하게 빛난다. 각국 리그 우승컵에 더해 전 세계 축구팀 중 최고를 가리는 챔피언스 리그에서 우승하며 명실상부 세계적인 명장이 되었다. 그의 별명은 'Special One'이다. 별명이 한층 더 빛나는 이유는 무리뉴 감독의 선수 시절이 하부 리그를 전전하며 끝났기 때문이다. 대부분 지도자들이 이름있는 선수 출신인 것과 대비된다.

    '훌륭한 선수는 위대한 감독이 되기 어렵다.'

    운동계 격언이다. 하나를 가르치면 열을 아는 천재는 평범한 사람을 이해하기 힘들어 지도자로 적합하지 않다는 이야기다. 그렇지만 실제 감독들은 대부분 엘리트 선수 출신이다. 국내 프로야구 감독만 봐도 프로 출신 아닌 감독을 찾기 힘들다.

    운동 분야뿐만이 아니다. 거리를 수놓은 학원을 살펴보자. 강사 프로필 면면에는 다양한 경력이 포함되어 있다. 우리는 강의 선택 전 이력을 꼼꼼히 비교하고 검토한다. 출신학교는 어디인가, 업계에서 얼마나 권위가 있는가, 상은 많이 받았나, 강사 자신은 어떤 사람에게 배웠나를 살핀다.

교사는 교육 전문가다. 국가로부터 교원 자격증을 수여 받는다. 그렇지만 교사의 약력은 대개 학부 졸업 후에 임용 합격과 함께 끝이 난다. 질문을 던져본다.

"학창 시절 훌륭한 학생이 위대한 교사가 될까?"

학원 강사가 될까 고민한 적이 있다. 주변에서 말렸다. 대한민국에서 성공한 학원 강사는 SKY, 그중에서 서울대 졸업한 사람이 대부분이라고 했다.
'공부해서 시험을 잘 치르는 능력과 아는 것을 다른 사람에게 전달하는 능력은 다르잖아.'
푸념했지만 한편으로 납득이 갔다. 나 역시 인터넷 강의 선택 시 강사 프로필을 참고했으니 말이다.

교사가 되었다. 서울대를 졸업하지 않았지만 서울대에 보낼 수 있는 선생이 되어야겠다고 생각했다. 두 가지 문제에 맞닥뜨렸다.
첫 번째, 교사와 학원 강사의 지향점이 달랐다. 교사는 수업과 더불어 평가까지 담당했다. 국가에서 제시한 성취기준에 따라서 학생들을 기준점에 도달하게 한다. 동시에 적절하게 등수를 나누어야 했다. 모두가 100점을 맞으면 교사가 수업을 잘한 것이 아니라 평가를 잘못한 것이다.

두 번째는 서울대에 갈 학생은 학교에 얼마 되지 않는다는 점이었다. 교과 지식을 탐구하고 교재를 연구해서 깊은 수준 지식을 궁리하여도 쓸 기회가 마땅찮았다. 교실에 앉아있는 학생들은 대부분 교과서를 이해하기에도 벅찼다. 역사 과목 특성상 과거에 사용한 단어가 주를 이룬다. 주어진 문장에서 아는 단어보다 모르는 단어가 더 많은 아이들이 절반이었다. 외국어 수업도 아닌데 단어부터 하나하나 설명해야 했다.

공교육 교사는 무엇을 지향해야 할까. 교실에 앉아있는 다양한 아이들을 무엇으로 묶어야 할까. 역사 교사로서 무엇을 할 수 있을까. 국가교육과정을 무시할 수 없다. 평가를 도외시할 수도 없다. 고민을 거듭했다. 주어진 교육과정의 성취기준을 바탕으로 공정하고 정확한 평가를 진행한다. 그 위에서 최선의 자율성을 발휘하기로 했다.

역사 교육 공청회에서 다루는 주제 중 하나는 학생들에게 전달하는 역사적 지식의 양이 적당한가이다. 많다는 의견에서는 학생의 학업 부담을 줄이고, 사건 전달과 진도 위주 교육에서 벗어나기 위해 내용을 축소하자고 주장한다. 반대 측에서는 어느 사건을 삭제할 것인지 합의가 어려우며 역사 지식을 줄이기보다 쉽게 풀어쓰는 것이 맞다고 반박한다.

개인적으로 역사 교과서 지식이 방대하다고 생각한다. 고구려 소수림왕이 태학을 세우고 조선 세종 대 조세 징수를 위해 공법이 시행되었다는 사실을 학생들이 굳이 암기해야 할까 싶다. 수업하는 나도 그 양에 숨이 막히는데 아이들은 오죽할까. 수능 한국사가 절대 평가가 되어 난이도가 쉬워졌다. 한국사 공부를 소홀히 한다는 지적이 있지만 올바른 방향이 아닐까 한다. 객관식 문항을 잘 맞추는 것이 역사의식과 비판적 사고력을 키운다고 생각하지 않는다.

학생들이 세상을 살아가며 읽고, 말하고, 쓸 수 있는 인간이 되었으면 좋겠다. 문장 3개만 이어져도 읽기 귀찮아하는 아이들이 기본적인 텍스트 정도는 읽고 해석할 수 있길 바란다. 자기 생각을 말할 수 있는 사람이면 좋겠다. '말한다'는 '듣는다'가 전제된다. 듣지 않으면 말을 잘할 수 없다. 타인 의견을 존중하면서 본인 의견을 내세울 수 있다면 보다 성숙한 사회가 되리라고 믿는다. 마지막은 욕심이다. 읽고 말하고 나서, 생각을 글쓰기로 정리한다면 완벽할 것 같다.

수업에 녹여내고 싶었다. 교과서에 밑줄 그으면서 읽는다. 스스로 구조화한 내용을 짝에게, 혹은 모둠원에게 설명한다. 생각을 나눌 가치가 있고, 현재 우리 삶과 연결된 주제에 대해서 토론한다. 글로 정리한다. 좋은 수업이냐 묻는다면, 잘 모르겠다. 잘할 수 있고, 최선이라고 생각하는 수업방식이다.

두 가지가 전제되어야 한다. 한 가지는 아이들이 수업에 참여해야 한다. 아무리 몸에 좋은 음식이라도 먹지 않으면 무용지물이다. 수업 참여가 나한테 이득이구나 생각하면 말하지 않아도 참여한다. 재미든, 능력 함양이든 말이다. 다양한 수업 방법을 고려해본다. 흥미를 위한 게임 형식의 활동도 괜찮다고 생각한다.

다른 한 가지는 아이를 향한 진실한 마음이 아닐까 싶다. 수업에 관심 없고 잠자는 학생일지라도 사회 나가서 어른으로 살아갈 때 당당한 구성원이 될 수 있도록 도움을 주고 싶다는 마음이 괜찮은 수업을 만든다. 삶을 살아가는 가치를 1년에 한 번이라도 가슴에 담을 수 있다면 성공이다.

훌륭한 학생이 아니어도 최고의 교사가 될 수 있을까? 무리뉴 감독은 말한다.

"내가 최고의 선수가 될 수 없다는 것을 알았다. 그래서 감독으로서 세계 최고가 되기로 결심했다. 매년 하루 한 시간을 미래를 위해 대비했다."

오늘부터 최고의 교사가 되기 위해 준비한다면, 그 비슷하게나마 마무리할 수 있으리라고 믿는다.

7

학급 경영과 학생 사이

"'역사' 교사가 되고 싶니? 역사 '교사'가 되고 싶니?"

선배가 물었다. 그 선배는 '역사' 교사가 되고 싶다고 했다. 아이에게 올바른 역사관을 심어주는 게 꿈이라고 했다. 소외된 사람들을 기억할 수 있게 할 것이라고 했다. 가치 있는 일이다.

그렇지만 잊지 말아야 한다. 우리는 '교사'다. 'OO' 교사가 아니다. 본분은 교육에 있지, 교과 교육에 있지 않다. 수업을 통해 아이들과 만나는 순간은 행복하다. 힘써 준비한 내용을 초롱초롱한 눈망울로 듣는 아이들이 사랑스럽다. 한편으로 교과를 등한시하고 포기하는 아이들도 있다. 얄밉고 속상한 마음이 든다. 그래도 포용해야 한다. 공부가 삶의 1순위가 아닐 수 있다. 노력하는데 적성과 맞지 않을 수도 있다. 교과를 벗어나서 교사로서 긍정적인 영향을 줄 수 있어야 한다. 숨 쉬는 것은 인간 생존 필수조건이고 눈앞의 학생을 마주하는 것은 교사 존재 필수조건이다.

그 시작은 학급 경영이다. 학생들이 학교에서 가장 많이 의지하고 접촉하는 사람이 담임이다. 학창 시절 담임의 작은 말 한마디에 미래가 바뀐 사람들의 이야기를 흔히 들을 수 있지 않은가. 초임 교사는 담임 맡을 확률이 높다. 3월 첫날, 학급 학생을 만나는 것이 교직 첫걸음이 된다. 어떻게 하면 우리 반 아이들에게 긍정적인 영향을 주고 즐거운 한 해를 보낼까, 신규교사라면 누구나 고민할 것이다.

문제는 이상과 현실의 괴리다. 학생 수가 과거에 비해 줄었다지만 20~30명을 담당하여 관리하는 일은 쉽지 않다. 대학에서 알려주는 건 교육학 이론뿐이다. 학생과 대화하는 법, 생활지도 하는 법은 알려주지 않는다. 교육실습생 기간은 짧다. 결국 준비 없이 야생의 교실에 놓인다. 생각대로 따라오지 않는 아이들, 이해할 수 없는 말썽꾸러기들을 보며 마음이 답답해진다.

임용 첫해의 나 역시 한참 좌충우돌했다. 조언을 구해야겠다 싶었다. 2년 먼저 임용된 친구에게 물어봤다. 친구는 엄한 선생님이었다. 책상 줄이 맞추어져 있지 않거나 교실에 쓰레기가 돌아다니면 즉각 벌을 줬다. 학습 분위기를 해치는 학생에게 단호하게 대응했다. 학년 내에서 학급 관리가 가장 잘 된다며, 학생들이 두려움을 가지고 자신을 대한다고 했다.

"대단하다, 나는 그렇게 잘 못 하겠던데. 카리스마 있네. 부럽다."

"별거 아니다. 그냥 하면 된다."

"노하우 따로 없나?"

"음… 나는 애들을 별로 안 좋아하는 거 같다."

학생들이 예뻐 보이지 않는다고 했다. 해야 하니까 주어진 일을 처리한다고 했다. 철두철미한 학급 경영 속 숨겨진 비밀이었다. 친구 태도를 지적하는 것이 아니다. 어설픈 관심으로 일을 망치는 것보다 건조하게 확실히 처리하는 것이 백 배 낫다고 생각한다. 친구가 부러웠다. 무질서한 우리 반을 생각하니 더 그랬다. 배울 수는 없었다. 아직 아이들이 예뻐 보였다. 일 처리 방식도 나랑은 맞지 않았다.

고민하다 발령을 받고 처음으로 교육학 책을 펼쳤다. 임용시험 공부할 때는 학부모, 학생 상담에서 교육학 용어를 활용해야지 하고 다짐했었다. 실제 상황에서는 써먹기 어려워 관심에서 벗어나 있었다. 교육학 속 리더십(지도성) 이론을 들여봤다. 특성론, 행위론, 상황론, 뉴리더십 이론이 있었다.

특성론과 행위론은 지도성을 타고난 특성이라고 보고 성공적인 지도자의 모습을 찾으려 했다. 상황론은 학생에게 관심을 기울인다. 학생 성숙도를 학업 능력과 심리적 성숙으로 나누었다. 성숙도 차이에 따라 교사 지도성을 구분했다. 예를 들어 학생이 낮은 동기와 능력을 지니고 있다면 역할 규정, 행동 지시를 구체적으로 내려야 한다는 식이다. 뉴리더십론은 지도성론이 대표적이다. 비전을 설정하고 이에 따른 장기적 계획을 바탕으로 학생의 동기와 도덕 수준을 향상하자고 한다. 신뢰 관계를 바탕으로 한 학생 성취를 통해 행복을 추구하자는 내용이다.

이론을 정리하고 적용해봤다. 3가지 지침을 만들었다.

> 1. 공정하고 일정할 것 - 차별하지 않으며 같은 상황에서 동일하게 행동해야 한다.
> 2. 학생을 존중하고 배려할 것 - 자신이 존중받는다고 생각할 때 교사를 신뢰한다.
> 3. 학생 역량을 고려하여 과제(목표)를 제시할 것 - 목표 성취 경험을 통해 자기 존중감을 향상한다.

나름 지침을 만드니 든든한 기분이었다. 뜻있는 곳에 길이 있다고 얼마 후 기대하지 않았던 배움도 얻었다. 수업 모임을 함께하던 선생님과 대화 중 '회복적 생활교육'을 소개받은 것이다.

"회복적 생활교육이오?"

"저도 최근에 연수를 들었어요. 문제 상황이 발생했을 때 보통 '누구 잘못인가, 어떤 잘못을 저질렀나, 어떻게 처벌할 것인가'를 고민하잖아요?"

"네, 그렇죠."

"바라보는 관점을 바꾸는 거예요. '누가 피해자인가, 어떤 피해를 입었나, 회복을 위해 필요한 것이 무엇인가'라고 말이에요."

"정반대 생각이네요. 그렇게는 생각을 못 해봤어요."

"피해 복구를 돕는 과정을 함께하고, 이를 통해 안전하고 평화로운 공동체를 이루는 것이 회복적 생활교육이에요."

신선한 충격이었다. 건강한 사회는 시민들의 자발적 참여로 이루어진다. 마찬가지로 학생 주도로 만들어지는 학급이 건전할 것이다. 하지 말라고 벌주고 억제하는 건 쉽지만 근본적으로 바뀌기는 어렵다. 제재가 없어지면 원래 모습으로 돌아온다. 내부에서 변화할 동기와 욕구가 나타나야 한다. 문제를 대화와 공감으로 학생들이 풀어나간다. 이런 과정에서 시간이 걸려도 학급이 단단해진다.

여전히 학급 경영은 어렵다. 교사로서 가져야 할 지도성, 학급을 경영하는 방식에 정답이 없고 매년 새로운 학급, 달라지는 학생을 마주해야 하기 때문이다. 끝없이 궁구해나가야 할 숙제에 지치는 순간이 올 것이다. 잊지 말자. 학생을 마주하는 것이 교사의 본분이라는 것을 말이다.

8

좋은 기억
남길 수 있도록 노력할게요

"학창 시절 선생 경험담입니다."

인터넷 게시판에서 사람들 관심을 모으는 제목 중 하나다. 학창 시절에 만난 좋지 않은 기억을 남긴 선생님들 이야기를 쓴다. 그로 인해 고통받았던 순간을 나열한다. 지금 만나면 분풀이해주고 싶다는 감정으로 마무리한다. 댓글을 본다. 다들 할 말이 많다.

처음에는 화가 났다. 에피소드를 읽다 보면 저런 사람이 교사였단 말이야 싶은 사람이 있다. 내 학창 시절을 생각해도 그런 분들이 분명 존재했다. 그렇지만 과거는 과거다. 예전 선생님들이 가졌던 부족한 모습을 가진 분은 거의 남아있지 않다. 그 사이 학교 분위기도 변한 사회만큼 달라졌다. 과거 기억으로 현재를 판단하는 섣부름은 잘못되었다.

수업만 하고 교무실에서 놀고 있는 교사를 비난한다. 은행이 4시에 문을 닫는다고 은행원이 퇴근하지 않는다. 수업 외 시간에 교사가 해야 할 일이 가득하다. 학교 사정은 고려하지 않고 비판하는 사람들이 야속했다.

'정작 교사들은 수업만 하길 원하는데, 알지도 못하면서…'.

그날도 누군가 작성한 글을 읽고 있었다. 안 보면 되는데 손이 가는 걸 막을 수 없었다. 한 댓글에서 멈춰 섰다.

"… (중략) 저는 이런 일들 때문에 선생님이라는 말이 없어 졌으면 합니다. 선생님이 어디 있나요. 다들 그냥 교육공무원이지."

가슴에 무겁게 다가왔다.

단순히 네가 싫다가 아니라 존재를 부정하는 말을 어떻게 받아들이면 좋을까. 교사가 싫다는 것이 아니라 선생님이라는 말로 존경의 예를 표하는 스승 개념에 대해서 공격했다. 다른 어떤 말보다 마음이 아팠다. 이런 얘기 들으려고 일을 하나 싶었다. 반박할까 말까 망설인다. 댓글을 계속 읽어나갔다.

댓글 1 : "동의합니다. 선생님이라는 말 때문에 교사에게 필요 이상의 도덕성과 의무, 책임을 부여하는 거 같아요. 과거처럼 학교에서 체벌하면 선생님이 어련히 알아서 제자를 위해 때렸다고 생각하는 시기 지났잖아요? 인권에 대해서 이야기하고 사회 분위기도 바뀌었는데 교사를 바라보는 관점은 머물러있어요."

댓글 2 : "교육공무원으로서 교육서비스 제공하는 사람이죠. 무슨 선생님인가요. 매뉴얼 맞게 일 처리만 해주면 그걸로 족합니다. 수업도 학원 강사들 못 따라가잖아요. 강의는 EBS 등 영상 활용하고 보육 기능, 학생 관리 및 상담에 주력하는 것이 맞다고 봐요."

동의하고 싶지 않았다. 짧은 학교 경험은 동조하라고 마음을 채근했다. 인생극장이란 프로그램을 기억하는가? 개그맨 이휘재가 출연한 코미디 프로그램이다. "그래, 결심했어."라는 말과 함께 순간의 선택으로 뒤바뀌는 한 사람 운명을 재미있게 보여주었다. 교사는 인생극장 주인공처럼 교육공무원과 선생님 길목에서 선택을 요구받는다.

학교폭력 사안이 발생했다. 관련 학생 담임으로 의견서를 제출하고 회의에 참여한다.

"매뉴얼대로 처리해 주세요."

가장 많이 들은 말이다. 이유는 명확했다. 평소 학생들과의 관계가 어떠하고 수업을 잘했느냐 못했느냐는 중요하지 않았다. 회의에 필요한 서류 한 장 부족하거나 말 한 번 잘못하는 것은 신분과 직결되었다.

"반성하고 있지? 이제 그러면 안 된다. 힘내자."

알고 지낸 선생님이 자기 반 학교폭력 사안 관련 학생에게 건넨 말이다. 다른 학생 측에서 항의가 들어왔다. 두둔하고 편 들어주는 것이냐고 말이다. 이런 일이 있고 나면 사무적으로 대하게 된다. 선생님 태도가 딱딱하다고 느껴도 도리가 없다.

길을 가다 우리 학교 학생이 담배를 피우는 장면을 목격한다. 세 가지 선택지가 있다.

> 1번: 봤으니 말을 건다.
>   1-1. "담배 끊어, 몸에 안 좋다. 밖에 있지 말고 조
>   심히 들어가." - 이야기하고 넘어간다.
>   1-2. "어디서 담배 피우고 있냐. 내일 학생부 선생
>   님이랑 담임 선생님께 말씀드릴 테니, 준비
>   해." - 학교에 알리고 규정대로 처리한다.
> 2번: 못 본 척 지나간다.

1-2를 선택하지 않은 교사는 해야 할 일을 하지 않은 나쁜 교사인가? 상황을 덧붙여 보자. 담배를 피운 학생이 고3 학생이다. 일주일 뒤에 수능시험이 있다. 어쩌면 좋을까.

'그래, 교육공무원이지.'

동의하게 된다. 공무원인데 아니라고 할 수 없다. 직업 안정성으로 인해 교사를 선택하는 분이 많고 잘못된 것도 아니다. 해야 할 일을 한다면 충분하다. 대신 그 이상을 지향하는 선생님에게 정당한 존중과 배려가 있었으면 좋겠다. 교육서비스 제공하는 공무원으로 교사의 위상이 변해가더라도 계속해서 애쓰는 선생님이 분명 존재할 것이다. 비록 결과가 최선이 아니라고 할지라도 과정에서 최고의 노력을 기울인 선생님들의 노고를 알아주셨으면 한다.

답글을 단다. 마음이 전달되길 바라면서.

"맞는 말씀입니다. 교사로서 되돌아보게 해주셔서 감사합니다.

댓글 쓰신 분 자녀에게는 좋은 기억을 드릴 수 있도록 노력하겠습니다. 지켜봐 주세요. 그때 다시 한번 글 남겨주셨으면 합니다. 좋은 하루 보내세요."

Part 5

'참교사'가
되고 싶습니다만

1

교사는 직업이 아닙니다

대만.

수업 첫 시간, 칠판에 쓴다. 뜻을 맞춰보라고 질문을 던진다. 네 글자고, 줄임말이라고 힌트를 준다. 학생 답변은 '대왕 만두, 대리 만족, 대한 만세'까지 다양하다. 분위기를 환기하고 답한다.

"대만은 대기만성의 줄임말입니다."

목표를 가지고 계획을 세운다. 매진하고 성취한다. 실패하더라도 성찰하고 교훈을 얻는다. 일반적인 성장 과정이다. 고등학교를 졸업하고 대학에 다닐 때까지 이런 경험을 하지 못했다. 피땀 흘린 노력이 가져오는 결과의 즐거움을 느껴본 적이 없다. 하루가 모여 한 달이 되고, 1년이 되지 못했다. 고난을 견뎌낸 사람은 마음속에 지지대가 생긴다.

'이 정도 고통쯤이야, 아무것도 아니야. 이겨낼 수 있어.'

지지대가 없으니 바람이 불면 흔들렸다. 중심을 잡지 못하고 살아갔다.

이십 대 중반, 슬럼프가 왔다. 남들보다 조금 특별한 사람이라고 믿었다. 근거 없이 운명을 낙관했다. 최선을 다해 살았다고 생각했다. 돌아보니 아쉬움만 가득하였다. 나이는 먹었는데 이룬 게 없었다. 한참을 방황하다 어느 순간 달라지기로 했다. 과거는 바꿀 수 없지만 미래는 선택이다. 다시 시작하기로 했다. 인생 처음으로 '나'를 바라봤다.

'나는 어떤 사람일까?'

1. 잘하는 일
2. 좋아하는 일
3. 슬프게 하는 일
4. 화나게 하는 일
5. 10년 뒤, 20년 뒤, 30년 뒤의 나의 모습
6. 죽기 전에 어떤 사람이면 좋을까
7. 살아가며 꼭 해보고 싶은 일

떠오르는 대로 적어나갔다. '나'를 주제로 퀴즈 대회를 열면 1등을 할 줄 알았다. 모르는 모습이 많았다. 어렴풋이 알던 '나'를 글로 구체화했다. 말을 잘했다. 공부도 제법 했다. 다른 사람에게 긍정적인 영향을 주는 사람이 되고 싶었다. 계속해서 발전하는 사람이 되길 바랐다. 안정적인 삶을 원했다. 마음이 맞는 사람과 함께하는 시간이 소중했다. 행복한 가정을 이루길 소망했다. 적다 보니 인생 방향이 그려졌다. 원하는 모습으로 살아가면서 내가 잘할 수 있는 일을 찾았다.

교사가 되기로 했다.

어린 시절 속된 말로 싸가지가 없었다. 논리적으로 합당하게 말하면 옳다고 생각했다. 소통은 옳음을 증명하는 수단이었다. 상대방 말을 듣는 이유는 반론하거나, 말할 차례를 기다리기 위함이었다. 문제가 있으면 정답을 주려 했다. 그 과정에서 상처받은 사람의 마음을 헤아리지 못했다. 주변 사람을 잃고 나서야 알았다. 다른 이와 의견을 교환하며 이기고 지는 것이 중요한 게 아니었다. 다른 점을 이해하고 포용하는 과정이 중요했다. 생각을 바꾸어 중심을 상대방에 두었다. 시선을 마주 하고 온몸으로 성심성의껏 들으려 했다. 내 의견을 줄이고 상대방이 말하게 했다. 무언가 바뀌었다. 굳이 답하지 않아도 사람들은 털어놓음으로써 채워갔다. 들어주고 맞장구만 쳤는데 대화가 잘 통한다고 했다. 설득하려고 근거를 100가지 들어 설명하면 101가지 싫은 이유를 말한다. 인정하고 경청하니 스스로 움직였다.

서른이 되고 보디 프로필 사진을 찍어보기로 결심했다. 별다른 이유는 없었다. 젊은 모습을 멋지게 남겨보자 싶었다. 6개월이 넘는 기간 열중했다. 닭가슴살과 고구마로 이루어진 식단으로 하루 2끼 이상 먹었다. 약속이 있으면 도시락을 싸서 갔다. 일주일에 6일을 운동했다. 마지막 1개월은 아침, 저녁으로 운동했다. 멋진 사진을 남겼다. 행복하고 뿌듯했다. 살면서 얻은 성취감 중 손꼽히는 경험이다.

'어떻게 살 것인가?' 고민하고 교사가 되었다. 그래서 직업이 아니라 삶의 방식으로 살아간다. 도전하고 발전하는 순간이 행복하다. 물론 여전히 어설프고 부족하다. 불확실한 미래를 벗 삼는다. 어제보다 1cm라도 나은 사람이길 바라며 오늘을 살아간다. 헤매던 20대 시절을 돌이켜본다.

'나는 달라졌을까?'

올해 유달리 좋은 사람을 많이 만났다.
"네가 좋은 사람이라서 주변에 그런 사람이 다가오는 거야."
친구가 웃는다.

살면서 들어본 적이 없는 말을 듣는다.
"쌤은 사랑을 많이 받고 자란 것 같아요."
"같이 이야기하면 속마음이 술술 나와서 신기해요."
"이런 말을 해준 사람 처음이에요. 고마워요."

조금은 변했구나 싶다. 감사하다.

아이들에게 대만의 뜻을 알려주며 덧붙인다.
"선생님은 오늘보다 내일, 내일보다 모레 조금 더 나은 사람이 되었으면 해. 세상 떠나는 날 가장 멋진 사람이었으면 좋겠어. 3월 우리가 만난 오늘을 기억하렴. 내년 2월 헤어질 그때 진짜 나은 사람이 되는지 지켜봐 주라. 쌤은 그렇게 살 거야. 그래서 대만이라고 별명을 지었단다. 반갑다. 1년 잘 지내보자."

2
너무 열심히 하지 않아도 됩니다

대충 살자.

마음속으로 되뇐다. 열심히 살면 탈이 난다. 번아웃 증후군 (Burnout syndrome) 올지도 모른다.

번아웃 증후군이란 의욕적으로 일에 몰두하던 사람이 극도의 신체적·정신적 피로감을 호소하며 무기력해지는 현상이다. 뉴 욕의 정신분석가 프로이덴버거가 <상담가들의 소진(Burnout of Staffs)>이라는 논문에서 약물 중독자를 상담하는 전문가의 무기 력함을 설명하기 위해 '소진(Burnout)'이라는 용어를 사용했다. 목표 수준이 역량에 비해 높고 전력을 다하는 성격의 사람에게 서 주로 나타난다.[13] 에너지 여분을 두고 일하는 사람이 있다. 반대로 아낌없이 기력을 쏟으며 일하는 사람도 존재한다. '맞다, 틀리다'의 문제가 아니다.

---

13) 이동귀, 『너 이런 심리 법칙 알아』, 21세기북스, 2016.

공무원 직업 선택 이유는 여러 가지가 있다. 고용 보장으로 인한 삶의 안정성이 1순위다. 일과 삶 밸런스를 지킬 수 있다는 점이 공동 1위, 혹은 2위 정도 될 거 같다. 저녁 있는 삶을 가지고 싶었다. 퇴근하고 가지는 나만의 시간을 꿈꿨다.

임용 후 일을 시작했다. 예상보다 할 것이 많았다. 하고자 하면 끝이 없었다. 최소 수행할 지침은 있지만 최대 선이 없었다. 학급 경영을 예로 들자. 학년 초 필수로 해야 할 일들을 적어봤다.

1. 학생, 학부모 상담
2. 학생 정보 작성, 비상 연락망 정리
3. 교실 책걸상 정리
4. 교실 환경 미화
5. 청소 당번 지정 및 지도
6. 학급회 조직
7. 학교생활 안내(학생 생활 규정, 출석 규정 등)

2~3주 걸쳐 학년 초 정비를 한다. 이제 여기에 추가 선택사항이 발생한다. 처음 어색한 아이들의 친목을 위해 학급 행사를 연다. 남아서 간단히 과자를 먹으며 단체 게임을 하고 회복적 생활교육을 위한 서클 활동을 진행할 수 있다.

학습에 열의를 가진 학생, 미흡한 학생을 위해 추가로 상담한다. 공부 계획을 점검해 주고 확인해 줄 수 있다. 학교생활에 의욕이 없는 학생들을 돌보며 미래에 대한 끈을 붙잡게 한다. 학급 학생이 지각했다. 체크하고 벌점을 주면 끝이지만 시간 관리 중요성을 말하면서 변화시키려면 심력(心力)을 써야 한다.

　어디까지 해야 할지 알 수 없었다. 9월이 지나 10월이 되니 지쳐갔다. 첫해는 열정으로 버텼다. 2년 차가 되었다. 한 번 해봤으니 낫겠지 싶었다. 유달리 행정 업무가 많은 해였다. 담임과 교과부장, 교무부 기획 업무를 맡았다. 학교 사정으로 중간에 나이스, 생활기록부 업무가 추가되었다. 정규 동아리 1개와 자율 동아리 2개를 운영하고 연극 대회 준비까지 담당했다. 1년간 기안한 문서 개수가 240개였다.

　교과 수업과 학급 담임 일에 집중하고 싶었지만 이왕이면 행정 업무도 잘하고 싶었다. 손에 쥔 물고기를 다잡으려 아등바등했다. 물고기가 더해졌다. 학급 학생이 학교폭력대책자치위원회, 학생생활교육위원회(선도위원회)에 회부되었다. 반 아이들끼리 갈등이 생겨 중재해야 했다. 이런저런 학교 일들이 겹치고 개인적으로 힘든 일이 생겼다.

　학교에서 웃음 짓기가 힘들었다. 휴직, 퇴직이라는 단어가 떠올랐다. 쉬고 싶었다.
　'어디까지, 얼마나 열심히 해야 하는 걸까.'
　고민해도 답이 없었다. 타협하기는 싫었다. 한번 적당한 선을 찾고 나면 계속 편하게 살고 싶을 것 같았다.

　다음 해가 시작되었다. 행정 업무가 줄었다. 숨통이 트였다.

남는 시간이 생겼다. 교과 수업, 학급 경영 연구에 투자했다. 의욕이 넘치는 3월이었다. 시간이 흐르며 예상치 못한 일이 발생했다. 해야 할 목록이 쌓여갔다. 9월이 되었다. 어느새 지쳐 있었다.

그제야 깨달았다. 하루하루 열심히 살아가는 것과 별개로 1년을 준비해야 했다. 3월에 가진 역량을 모두 쓰니 그 뒤에 발생하는 일에 대해 대응이 힘들었다. 처음부터 전심전력을 기울이니 여력이 없어진 것이다. 1년에 수업이 백 번 있다고 가정해보자. 모두 백 점 만점의 수업을 할 수는 없다. 선택해야 한다.

'열 번 100점을 맞을 것인가? 오십 번 이상 80점을 맞을 것인가?'

후자를 선택하기로 했다. 수업 철학 바탕으로 방향성은 유지한다. 대신 대충 한다. 80점이 목표다.

초임 발령지 마지막 해는 다이내믹했다. 지면에 옮길 수 없는 많은 일이 있었다. 그런데도 학교에 발령받은 후 정시 퇴근을 가장 많이 했다. 학년실에서 선생님들과 이야기를 나누며 차 한잔 여유를 가질 수 있었다. 학교 외 삶을 돌아볼 수 있었다. 1년의 완성도를 봤을 때 가장 균형 있던 한 해였다. 덜 노력해서 역설적으로 결실을 볼 수 있었다.

너무 열심히 하지 말자. '적당히'라는 마음이 교직 생활을 나아가게 할 양분이 될지 모른다.

3

나만의 브랜드 만들기

펜을 잡는다. 머릿속에 정돈되지 않은 날 것들이 종이 위에 놓인다. 단어가 문장을 이루고 뜻을 가진다. 한 편의 글이 완성된다. 대통령 비서실에서 일한 작가 강원국은 <대통령의 글쓰기>에서 작가는 자신만의 관점을 가져야 한다고 했다. 글에는 글쓴이가 담겨있다. 작가 표현을 빌리자면 설명할 수 없는 고유한 느낌이다. 노무현 전 대통령은 생전 자신의 글이 아니다 싶으면 연설문을 다시 작성하게 했다. 멋들어지게 잘 쓴 글이 아니라 자기 말을 하고 싶어서였을 것이다. 감탄이 나올 문장을 쓰는 사람, 독창적 시각을 가진 사람은 많다. 그러나 그 누구를 데려와도 내 글을 쓸 사람은 없다.

CI(Cooperation Identity)는 기업과 함께 떠오르는 이미지를 뜻한다. '삼성' 하면 파란색 바탕에 흰 글씨가 생각난다. 회사 대표 로고이자 정체성이다. 자연스럽게 믿고 사용할 수 있다는 느낌이 든다면 삼성의 기업 브랜드 홍보는 성공이다. 학교도 교육 브랜드화를 추진한다. 이른바 SI(School Identity)다. 학교 특성을 반영한 우수한 교육 활동을 홍보하고 이미지를 제고한다.

교육 일선은 교사다. 교육 브랜드화는 교사 수업 브랜드 만들기로 이어졌다. 교사가 교과 수업이나 생활 지도에서 전문적인 브랜드가 있어야 한다는 주장이 등장한 것이다. 학생들이 느끼는 개성적이고 특별한 이미지가 브랜드가 된다. 학창 시절 엄한 선생님에게 '호랑이 선생님'이라는 별명이 있었다면 그분 브랜드는 엄격하고 단호한 호랑이다.[14]

"3월 OO일까지 학교교육계획서에 들어갈 수업 브랜드를 첨부 파일에 기입해 답장을 주시기 바랍니다."

학교 내 메신저로 업무 연락이 왔다. 수업 브랜드가 뭘까 하는 마음으로 파일을 열었다. 표가 있었다. 좌측에 학교 선생님들 이름이 보였다. 우측에는 브랜드명이라는 이름으로 공란이었다. 옆자리 선생님께 여쭈었다.

"선생님, 이거 뭐 하라는 건가요?"

"그냥 아무거나 대충 적어서 내면 돼요. 자기 수업 제목 붙이는 거야. 아무도 안 봐요."

요식행위구나 싶었다. 학습지 특성을 따서 '읽고 쓰고 생각하는 역사 수업'이라고 적어 보냈다. 피드백이 없었다. 얼마 뒤 인쇄된 교육계획서에 보낸 그대로 실려있었다. 이후 몇 년간 신경을 쓰지 않았다.

---

14) 브랜드 있는 수업, 브랜드 있는 선생님, 중부일보, 2015.7.15.

4년 차에 부임한 교감 선생님은 정이 많고 에너지 넘치는 분이었다. 수업 장학에 일가견이 있으셔서 수업을 참관하고 꼼꼼하게 참관록을 남기셨다. 작성 시에 촬영한 영상까지 다시 보시면서 놓친 부분을 확인하셨다. 학생 한 명 한 명 배움이 일어나는 포인트를 꼼꼼하게 집어주셨다.

수업 장학 날이었다. 준비한 수업을 잘 마무리했다. 그날 저녁에 사진과 함께 수고했다는 메시지를 주셨다. 칭찬받은 기분이라 감사했다. 교감 선생님이 본 수업 모습과 느낌이 궁금했다. 참관록을 찾아봤다. 글 시작은 수업 브랜드에 대한 생각으로 열렸다.

"정 선생님 수업 브랜드는 '함께하는 행복한 역사 시간'입니다. 학생들 개개인을 생각하는 선생님 마음이 느껴짐과 동시에 학생들이 수업을 통해서 인생 행복을 찾는 계기가 되길 바라는 의도가 아니었나 추측해봅니다."

부끄러웠다. 적어주신 말 깊이의 반도 고민하지 않았다. 여느 해처럼 기계적으로 제출했을 뿐이다. 아이들 행복했으면 좋겠다는 마음을 담았지만 큰 의미는 두지 않았다. 한편으로 수업 브랜드라는 것이 나를 표현하는 수단이겠구나 싶었다.

나아가 수업 참관에 대해 다시 생각하게 되었다. 수업 참관록에는 '학생이 배움을 일으키는 지점, 인상 깊은 점' 등 긍정적인 면을 찾는 항목만 존재한다.

'부족한 부분을 찾아 의견을 교환하는 게 도움이 되지 않나?' 짧은 생각으로 의문을 가졌다. 교사 저마다 수업방식이 있다. 수업에 대한 관점을 투영해 한 차시를 구성한다. 같은 수업 내용과 방법이라도 전혀 다른 모습이 되는 이유가 여기 있다. 다른 사람 수업에서 부족한 점을 찾기보다 내포된 교사 생각을 읽고 배우는 것이 도움이 된다.

뛰어난 문장력을 가진 작가가 많지만 잘 쓰는 방법을 한 가지로 설명할 수는 없다. 제각기 특색이 다르기 때문이다. 마찬가지로 훌륭한 수업을 하는 교사를 한 줄로 이야기할 수는 없다. 자기 방식대로 최선을 다하면 된다. 학창 시절에 즐겨 들었던 노래가 생각났다.

> 꽃 가게 앞 늘어선 여러 꽃들을 보고 있었어
> 사람마다 좋고 싫음이 있겠지만 어떤 것이든 모두 예쁘네
> 이 중에서 누가 최고라고 싸우지 않고
> 자랑스러운 듯 가슴을 펴고 있어
> 그런데 우리 인간은 왜 이렇게 비교하고 싶어 할까?
> 한 사람 한 사람 다른데 그중에서 일등이 되고 싶어 할까
> 우리는 세상에 하나뿐인 꽃
> 한 사람 한 사람 다른 씨앗을 가졌어
> 그 꽃을 피우게 하는 것만 열심히 하면 돼
> -SMAR, 세상에 하나뿐인 꽃(世界に一つだけの花)

교사든, 학생이든 모두 세상에 하나뿐인 꽃이다. 자신의 꽃을 피우면 된다. 그걸로 충분하다.

4

훌륭한 교사는 어떤 사람인가요

질문을 한다.
"의사는 뭐 하는 사람이에요?"

"병을 고치는 사람이오."
"사람이 아프면 치료하지요."

다시 묻는다.
"그럼 훌륭한 의사는 어떤 사람인가요?"

"병을 잘 고치는 사람이오."
"수술을 잘하는 사람이오."
"병을 조기에 발견해 주는 사람이 명의지요."

마지막 물음이다. 어떻게 답하겠는가.
"병을 치료하기 전에 예방하는 의사는 훌륭한가요?"

사회적 효용은 개인, 일부 집단을 넘어 사회적으로 더 많은 사람들에게 보람이나 쓸모를 느끼게 하는 정도를 의미한다. 인간은 대의적 합의 과정을 거쳐 결정하는 민주주의 사회를 만들었다. 인류사에서 가장 완성된 정치체제다. 그런데도 완벽하지는 않다. 불합리한 제도가 존재한다. 이유가 무엇일까? 처음 어떤 제도를 논의하고 만들었을 때는 현실을 바탕으로 사회적 효용이 최선이라고 생각했을 것이다. 불행하게도 시간이 지나 사회 환경이 달라진다. 변화 속에서 더 이상 최선이 아니게 된다.

새로운 제도의 시작은 반드시 그 이면에 부작용을 동반한다. 그렇지만 인간은 표면으로 드러나기 전까지 알지 못한다. 혹은 방치한다. 위험을 예측하는 소수의 주장은 받아들여지지 않는다. 의사를 예로 들어보자. 규칙적인 생활, 주기적 운동, 영양분을 골고루 섭취하는 식단, 정기적인 검진을 말하는 의사는 주목받지 못한다. 눈에 드러나는 증상을 쉽고 빠르게 해결하는 의사는 칭송받는다.

30년 전 교육 제1 목적은 인재 양성이었다. 물적 자원이 없는 나라이기에 인적 자원의 중요함을 역설했다. 교육은 계층 이동의 동아줄이 되었다. 온 가족이 매달려 아이 한 명 공부시키는 데 몰두했다. 대학 입학하면 마을 앞에 현수막이 붙고 잔치를 열었다. 입학 정원이 적었기에 대학생이 된다는 말은 미래 보장 수표였다. 개인뿐만 아니라 국가 전체가 신분 상승을 꿈꿨다. 수출 백만 불이 슬로건이 되었다. 국민 피와 땀을 요구했다. 새마을 정신이 미덕인 시절이었다. 그렇게 선진국 반열에 올랐다.

상승하는 고속도로의 속도감에 취한 걸까. 출발할 때 스포츠카, 경차, 오토바이, 자전거 중에서 선택하지 못하지만 결과로 비난했다. 따라오지 못하면 낙오자라고 불렀다. 개인의 노력이 부족하다고 탓했다. 사고 나서 운전할 수 없게 된 사람을 못 본척했다. 달리는 차에서 멀미하면 나약하다고 마음을 다잡으라고 재촉 받았다. 누군가 이렇게 가다간 문제가 발생할 거라고 지적했다. 미래를 위한 성장과 함께 현재를 돌아보자고 제언했다. 관심을 두지 않았다. 달콤한 열매에 취해 벌레로 썩어가는 뒷부분을 보지 못했다.

2000년대 이전에는 학급별 성적을 비교했다고 한다. 학급 평균이 낮으면 관리자가 불러 질책했다. 대입 결과가 좋으면 격려금을 주었다. 교과서 한 페이지 더 외우고, 정답 찍기 잘하는 것에 신경이 집중되었다. 모든 학교가 그렇진 않았을 것이다. 어쨌든 감사하게도 다른 시대의 교사가 되었다. 과거 학교 일은 별나라 이야기처럼 들린다. 그런데도 현재는 과거와 단절되어 존재할 수 없다. 유령처럼 잔재가 내 마음을 배회한다.

아침 독서 시간이다. 학생들에게 책을 읽거나 자습하라고 말한다. 대부분 핸드폰을 만지거나 잠잔다. 수업 시간이다. 집중해서 눈이 초롱초롱 빛나는 모습을 꿈꾸지만 불가능에 가깝다. 공부 열정이 높을 노량진에서도 졸린 눈은 감긴다. 공부가 전부가 아님을 머리는 알지만 가슴 한구석 아쉬움을 감출 수 없다.

시작하는 어느 해, 한 명이 눈에 띄었다. 매일 지각하고 수업 시간에 자는 것이 일상이었다. 뾰족한 가시 같아서 본인이 기분 나빠지면 때와 장소를 가리지 않고 소리를 질렀다. 입만 열면 거짓말이었고 쉬는 시간이면 복도에서 종횡무진이었다. 얌전히 수업 듣고 착실히 생활해주면 좋으련만, 1년 어떻게 보내면 좋을까 싶었다.

상담을 했다. 몇 번 이야기를 나누고 나서야 아이는 집안 사정을 털어놓았다. 가정환경이 좋지 않았다. 듣다 보니 가슴이 먹먹해질 정도였다. 학교에 나오는 것이 그 아이에게는 큰일이고 책상에 앉아있는 자체가 기적이라고 느껴질 정도였다. 문득 생각했다.
'학교에서 구박받고 집에서 사랑받지 못하는데 무슨 낙으로 살아갈까.'

감사하게 여기기로 했다. 어두움과 아픔, 상처를 가진 아이가 학교에 나와주니 고맙다. 5분도 앉아있기 힘들 텐데 자기 나름대로 최선을 다해 의자에 엉덩이를 붙여주니 기특하다. 칭찬할 부분을 찾아 한 가지라도 건네주려 했다. 사회에 나가 살아갈 힘을 길러주려 했다. 아이에게 마음이 얼마나 닿았는지 모르겠다.

가끔 생각한다. 그때 아이를 어떻게 대해야 했을까? 공부를 열심히 하고 반듯한 모습이 되도록 억누르면 당장 (학교) 사회 효용은 높아질 것이다. 시간이 지나서 나타날 부작용을 예측해본

다. 관심받지 못하고 부정적인 말만 듣고 자란 아이가 행여나 불
행한 미래를 맞이할까 두렵다.

처음의 질문으로 돌아가 보자.
"교사는 무엇 하는 사람인가, 어떤 사람이 훌륭한 교사인가?"

당장의 상황을 척척 해결하는 교사, 미래에 어느 날을 예방하
고 건강을 개선할 교사.
선택은 당신의 몫이다.

5

나의 꿈, 나의 미래

<How I met your mother>는 9시즌에 걸쳐 사랑받은 미국 시트콤이다. 주인공 테드 모스비가 자녀들에게 그녀(엄마)를 만나고 결혼하기까지 과정을 이야기해 주는 것이 주요 스토리다. 프로그램 인기의 1등 공신은 테드의 바람둥이 친구 바니 스틴슨이다. 여자 마음을 얻기 위한 귀염둥이 바니의 비정상적 행동이 웃음을 자아낸다.

9시즌 마지막 회에서 바니는 여느 때처럼 가벼운 만남을 가진다. 아뿔싸, 아이가 생겼다. 더 이상 자유로운 연애를 못하게 되어 슬퍼한다. 아이가 태어나기 직전까지도 말이다. 아기를 본 바니는 이제껏 보지 못한 진지한 표정이 된다. 누구보다 사랑받고 싶어 했고 행복한 가정을 꾸미길 바랐던 마음이 드러난다.

"You are the love of my life. Everything I have… and everything I am is yours."

(당신은 내 인생의 전부에요. 내 모든 것… 그리고 나 자신마저도
모두 당신 것이에요.)

아이는 바니의 꿈과 미래가 되었다. 친구들이 걱정하던 방종
한 삶이 사라지고 멋진 아빠가 된다.

한 개인으로서 나의 꿈과 미래는 훗날 이룰 가정에 있다. 행복
한 가정을 만들고 싶고 함께 걸어갈 반려를 만나고 싶다. 교사로
서의 꿈과 미래는 어디 있을까. 아이들에게 있다고 믿는다.

나는 일을 벌이는 성격이다. 뒷수습을 못할 때가 많지만 이것
저것 늘어놓고 정신없이 살아가는 게 좋다. 배우고 도전한다. 결
과가 어찌 되었든 과정이 즐겁다. 나와 성향이 비슷한 아이를 만
났다. 지윤이는 하고 싶은 게 많은 아이였다. 미래에 기자가 되
고 싶다는 명확한 비전을 지니고 삶을 꾸려나가고 있었다. 나이
로 따지면 강산이 변한 것보다 차이가 났지만 배울 점이 많았다.
학교 소식을 전하는 모바일 신문 앱을 함께 만들기로 했다. 이야
기하다 보니 대략적인 계획이 금세 나왔다.

"역시 남지윤, 대단해."
"아니에요. 쌤."
"너는 나중에 어떤 기자가 될까. 외국 나가고 퓰리처상 받고
사회에 좋은 영향력 주는 사람이 되겠지?"
"와, 그럼 진짜 좋을 것 같아요."
"그렇게 될 거야. 나는 너도 그렇고 다들 큰 사람이 됐으면 좋

겠다. 왠지 알아?"

"아니요. 왜 그러신데요?"

"너희가 큰 사람이 돼서 세상을 더 발전시키고 좋게 만들면…
너희 등 뒤에서 편하게 살고 싶어."

"네? 그게 뭐예요. 와, 감동할 뻔했는데 실망."

"아니. 진짠데. 너희가 만든 세상에서 행복하게 사는 게 꿈이야.
그래서 다 잘 되었으면 좋겠어. 너희가 내 꿈이고 미래지."

농담처럼 오고 간 말이지만 진심이다. 나를 거쳐 간 학생들에
게 긍정적인 영향을 주고 싶다. 능력이 되는 한 도와주고 싶다.
뒷날 사회에서 자기 몫을 다하는 사회인으로 오롯이 성장하길
바란다. 타인을 배려할 줄 알고 자신을 사랑하는 사람이 되었으
면 좋겠다. 그런 사람이 많아지면 지금보다 나은 사회가 될 것이
다. 내 아이가 살아가기에 더 좋은 세상이 될 것이다.

꿈과 미래가 될 아이들을 떠올린다. 한 가지 더 바라본다. 졸
업한 제자들은 다양한 곳에서 일할 것이다. 치즈케이크와 아메리
카노는 서로의 맛을 진하게 만들어준다. 마찬가지로 A와 B, C와
D가 만나면 시너지 효과를 일으킬 조합이 있을 것이다. 필요한
순간 네트워크를 이룰 수 있게 하면 어떨까 상상한다. 지금은 힘
들겠지만 제자가 많아지면 가능하지 않을까.

지나온 순간을 전부 기억하진 못하지만 한 번씩 되새긴다. 윤
동주는 별 헤는 밤, 가슴속 별 하나마다 무언가 새겼다. 매해 지

나며 가슴속에 아이마다 하나씩 무언가 새긴다.

　수진이는 처음 만났을 때 앳된 모습이 어디 갔는지 모르겠다. 생각도 모습도 언제 저렇게 자랐을까 하고 놀란다. 지원이는 대학 생활하며 즐겁게 살고 있다. 얼마 전 첫 아르바이트비를 받았다며 커피 기프티콘을 보냈다. 기쁘면서도 쑥스러운 기분이었다. 자기 일을 알뜰살뜰 열심히 하던 수영이는 다른 사람 이야기를 들어주고 돕는 걸 좋아해서 멋진 간호사가 될 것 같다.

　교사가 되고 싶다는 아이들도 많다. 역사 교사가 되고 싶다던 라희가 꿈을 이루길 바란다. 종운이는 체육 선생님이 되어 어떻게 아이들을 대할지, 성실하고 똑똑한 영은이는 어떤 초등학교 교사가 될까 궁금하다.

　명랑하고 재주 많은 새은이, 늘 열심히 살아가는 지연이, 스승의 날이면 어김없이 연락 오는 재혁이… 다들 잘 지낼까. 두 손가락이 부족할 만큼 많은 아이들이 지나간다. 기억에 남은 제자들이 많다. 이름을 적어주지 않았다고 섭섭해할 아이들이 떠오른다. 지면 관계상 못 적었단다. 이해해 주렴.

　올해 만난 아이들 모습을 마지막으로 떠올린다. 너희는 나에게 어떤 모습으로 남을까, 나는 너희에게 어떤 모습이 될까. 1학년 1반 담임으로서 후회 없는 1년을 보내고 싶다. 글을 보게 될 때쯤 서울로 전학 가 있을 애제자 수현이부터 앞으로 남은 시간을 함께 지낼 모두, 행복하자. 너희가 내 꿈과 미래란다.

6

공감과 존중, 지지의 힘

> 말은 파괴하거나 치유하는 힘을 갖는다.
> 진실하고 친절한 말은 세상을 변화시킬 수 있다.
> - 고타마 싯다르타

지나온 겨울, 학교 일을 시작하고 처음으로 한 달을 자유롭게 보냈다. 행정 업무를 처리하거나 보충 수업 없이 온전히 나를 위한 시간을 가졌다. 학기 중 교사는 촛불처럼 자신을 태운다. 사자처럼 지식을 전달하고 스펀지처럼 학생 감정을 흡수한다. 그렇게 학기 말이 되면 몸속 무언가 텅 빈 기분이다.

이번 기회에 충전해야지, 다짐했다. 배우고 익히는 것도 좋지만 오롯이 마음에 집중하고 싶었다. 소통과 공감, 감정, 치유 같은 단어들에 관심이 갔다. 타인과 교류를 위함이기도 하지만 '나'와 이야기하고 싶었다. 무엇부터 하면 좋을까. 먹물 기질은 어디 가지 않았다. 새로운 것에 관심이 생기면 실행보다 관련 서적을 먼저 찾게 된다. 그래서 나는 도서관으로 향했다.

존 가트맨 <부부 감정 치유>, 정혜신 <당신이 옳다>, 하임 G. 기너트 <부모와 아이 사이>, 윤홍균 <자존감 수업>, 데일 카네기 <인간관계론>, 마셜 B. 로젠버그 <비폭력 대화> 등 손에 잡히는 대로 읽었다. 10권쯤 읽다 보니 공통적인 내용이 보였다.

1. 사람 생각은 무조건 옳다. 어떤 내용이든 생각 자체는 자유다.
2. 사람은 공감을 받기 원한다. 이때 공감은 단순히 '그렇구나'가 아니라 '너의 생각이 옳다'라는 것에 대한 지지와 존중이다.
3. 사람을 대하는 기본은 상대에게 관심을 가지고 상대 관점으로 생각하는 것이다. 호감을 얻고 싶든, 설득하고 싶든 말이다.

몇 번을 읽고 반복해서 필사했다. 몸으로 체득하고 싶었다. 의식적으로 떠올리려 애썼다. 개학이 왔다. 코로나 19로 인한 국가적 위기에 학교도 예외는 아니었다. 방학 동안 읽은 내용을 실천해야지 하는 다짐은 온데간데없이 시간 화살에 몸을 맡기고 휩쓸려 갔다.

교사도, 학생도, 온라인 수업 시스템 회사도 전면 온라인 수업이 처음이었다. EBS 온라인 클래스 활용을 비롯해 다양한 방법이 강구되었다. 초기에는 접속자 수가 많으면 시스템 오류가 발생했다. 접속이 안된다든지, 강의를 들었는데 수강 기록이 남지 않는다든지 말이다. 학교로 문의가 온다. 이런 상황이 생겼는데 어떡하면 되냐고. 조치를 할 방법이 없다. 사이트 오류니 잠시 기다려보자는 말뿐이다.

온라인 수업을 정해진 시간 안에 듣지 않으면 결석(혹은 결과) 처리된다고 문자를 하거나 전화로 안내했다. 얼굴 한 번 보지 못한 아이들과 온라인으로 소통하려니 어려운 일이 많았다.

정신없이 하루를 보내고 마무리하던 중이었다.

"따르릉."

시간을 보니 오후 4시 48분쯤이었다. 수화기를 들었다.

"1학년 학부몬데요, O반 선생님 계십니까?"

"아니요. 지금 퇴근하셨습니다."

"오늘 우리 애가 제 사무실에 와서 바로 옆에서 수업을 들었습니다. 완강했다고 기록이 안 남아요. 학교에서 문자로 수업에 참여하라고 연락이 오더라고요. 제가 같이 강의를 다시 보고 확인했습니다. 수강 기록이 또 안 남아서 담당 선생님께 연락드렸는데 전화를 안 받으시더라고요. 그래서 교무실로 전화했습니다."

"아, 그러시군요."

학부모님 목소리가 조금씩 올라갔다.

"이러면 어떡합니까. 애는 결석이 된다고 불안해하고, 학교는 연락도 안 되고. 시키려면 제대로 준비하고 해야 될 거 아닙니까."

학부모님 말씀이 이어졌다. 내 잘못이 아니고 당장 해결할 방법도 없었다. 시스템 상 오류는 우리 소관이 아니니 어쩔 수 없다고 대답하고 끊으려던 참이었다. 문득 방학 동안 읽은 책들이 생각났다. 얼굴 모를 학부모는 나에게 화난 것이 아니다. 하루 종일 일하며 학생을 돌보느라 얼마나 힘들었을까, 평상시였다면 학교에 아이를 보내고 본인 일에 충실했을 터였다. 부딪히기보다 수용하기로 했다.

"네. 학부모님. 오늘 학생 옆에서 일하시면서 아이 학습지도까지 해주신다고 고생이 많으셨네요. 안 그래도 바쁘시고 정신없는데 시스템 오류까지 겹쳐서 속상하셨겠습니다. 정말 수고 많으십니다. 가정에서 학습을 도와주셔서 많은 도움이 됩니다. 담당 선생님께서 다른 문의 전화가 겹쳐 정신없이 일하다 보니 잠시 잊으신 것 같습니다. 내일 학부모님이 OOO 학생 옆에서 끝까지 수강한 걸 확인했다는 말씀을 전하겠습니다. 이렇게 하면 될까요?"

"아, 네… 고맙습니다."

"혹시 더 여쭤시거나 말씀하실 내용이 있으신지요."

"없습니다… 학교에서 선생님들 고생이 많으시네요. 감사합니다."

변호를 위한 한 마디 말도 하지 않았다. 10여 분을 듣다가 마지막에 학부모의 감정을 인정하고 내용을 돌려주었을 뿐이다. 감사 인사까지 받을 수가 있었다. 공감과 존중, 지지의 힘이었다. 확신했다. 말의 힘은 대단하다.

상대방 향하는 말에 그 사람에 대한 관심과 존중을 가져보면 어떨까. 말은 사람을 변화시킬 수 있다고 믿는다.

7

지금 여기, 행복

　삶의 목적은 행복이다. 부정할 수 없다. 그럼 우리를 행복하게 하는 건 무엇일까. 돈, 건강, 종교, 학력, 지능, 외모 같은 조건이 떠오른다. 소개팅이나 선을 볼 때 흔히 묻는 단어들이다.

"돈 많이 벌어?"
"직장 어디래?"
"키는? 얼굴은? 학교는 어디 나왔어."

　조건이 좋으면 행복할 확률이 높다고 믿는다. 불행인지 다행인지 최근 연구 결과는 기존 통념을 반박한다. 이런 조건들은 인간 행복 개인차 중 10~15% 정도만을 예측한다고 한다. 많이 가지는 것이 행복과 직결되지 않는다는 말이다. 기준 치 이상 소득이 생기면 소득 증가가 만족도와 연결되지 않는다는 연구도 있다. 그런데도 우리는 미래의 조건을 얻으려 오늘을 소비한다.[15]

---

15) 서은국, 『행복의 기원』, 21세기북스, 2014.

고등학교에 입학하고 얼마 지나지 않았을 때였다. 2학년 선배들이 1학년 건물, 학교 교문, 매점 근처에서 동아리 홍보를 시작했다. 밴드부나 도서부에 관심이 있었다. 중학교 때는 중앙 동아리가 활발하지 않아 동아리 생활에 기대가 컸다. 다음 날 아침이었다. 스피커로 안내 방송이 나왔다.

"1학년은 동아리 가입 금지입니다. 가입할 경우 학교 심화반 가입 등을 제한하겠습니다."

학년 부장 선생님이었다. 친구들 사이에서 볼멘소리가 나왔다. 지금 생각해보면 신입생들이 동아리에 들어가면 학업 분위기에 지장이 있다고 판단하신 것 같다. 어린 마음에 아쉬웠지만 안된다고 하니 포기했다. 심화반에 들어가서 공부나 해야지 싶었다. 나중에 보니 들어갈 아이들은 다 가입해 있었다. 아무런 페널티도 없었다.

임용시험을 준비할 때였다. 일상 여력이 시험에 집중되었다. 다른 것들은 잠시 미뤘다. 평범한 일상은 사치였다. 정해진 시간에 학교 도서관에 갔다. 커피 한잔 후 아침 공부를 했다. 점심시간은 10분 내외였다. 밥을 먹으며 강의를 듣거나 메모장을 펼쳤다. 이를 닦고 커피 한잔했다. 다시 자리에 앉았다. 오후 4시 반이 되면 일어났다. 헬스장에 가서 운동하고 저녁을 먹고 들어왔다. 6시 반쯤 됐다. 11시 정도까지 공부하고 집에 돌아갔다. 쳇바퀴처럼 반복했다.

할 수 없는 모든 것이 그리웠다. 시험에 합격하면 해야지 하고 참았다. 공부가 안될 때면 연습장을 펼쳤다. 하고 싶은 일을 적었다. 해외여행 가기, 사고 싶었던 브랜드 시계 사기, 부모님 선물 사드리기, 친구들에게 한턱 내기, 자동차 사기… 교사가 되고 나면 달라질 거라고 믿었다.

"형, 시간 되면 내 집에 갈 때 밥 한번 먹자."
"요새 공부한다고 안된다. 다음에 보자."

가을쯤 군 복무하던 동생이 연락 왔다. 평상시 연락 없던 녀석이 얼굴을 보자고 했을 때는 연유가 있었을 텐데, 관심을 가질 여유가 없었다. 지나고 들으니 진로 문제로 고민이 생겨서 조언을 구하고 싶었다고 했다. 타지에서 혼자 고생했을 동생에게 미안했다. 가족뿐만 아니라 주변 사람들에게도 소홀했다. 알면서도 시험 이후로 모든 문제를 미뤘다.

합격했다. 행복 시작이었다. 아니, 행복해져야 했다. 기대와 다른 나날들이 이어졌다. 학교 일을 하나부터 배워야 했다. 수업을 잘하기 위해 연구해야 할 것들이 많았다. 아이들과 생활하는 일은 하루하루 새로운 것투성이였다.

첫 학기는 눈 깜빡하니 끝났다. 2주 휴식 후 2학기가 시작되었다. 벌써 2학기 시작이야? 하고 나니 12월이었다. 늦었지만 여행 계획을 세웠다. 해외에 나가려니 비용이 걸렸다. 첫해 이곳저곳 지출할 일이 있었다. 저축 계획까지 세우니 남는 돈이 없었다. 고민하다 뒤로 미뤘다.

시간은 비슷하게 반복되었다. 나는 부족했고, 배우고 해야 할 것들은 많았다. 가족 여행을 가고 맛집을 돌아다녀야지 했던 생각도, 스스로 돌아보는 여행도, 계획했던 무엇 하나 실행하지를 못했다. 바쁘다는 핑계, 할 일이 많다는 이유로 미루고 또 미뤘다.

'지금 아껴야 나중을 대비할 수 있어.' 스스로 되뇌었다.

'조금만 참자, 괜찮아.' 나를 몰아붙이며 살았다.

어느 해 생일날이었다. 집에서 문자가 왔다. 축하 메시지일 거라고 생각했다.

"야, 고양이가 죽어있다."

문자 내용을 순간적으로 해석할 수 없었다. 세상이 멈춘 기분이었다. 얼마나 울었는지 모르겠다. 최근에 고양이와 시간을 얼마나 보냈나 생각했다. 피곤하다, 경황없다는 핑계로 제대로 봐준 게 언젠가 싶었다. 침대 근처 안 오던 녀석이 가까이 와서 나를 지켜보던 얼마 전 새벽이 떠올랐다. 녀석은 알고 있었을까, 그게 나름 인사였을까.

조금 더 안아주고, 예뻐해 주고 할걸… 사진 더 많이 찍어둘걸… 놀아달라고 칭얼거릴 때 귀찮아하지 않을걸…

항상 같이 있을 줄 알았던 아이가 곁을 떠났다. 며칠 밤을 잠들지 못하고 뒤척였다.

'뭐가 그렇게 바빠서 그랬을까.'

고등학생 때도, 대학생 때도 늘 그랬다. 미래 행복을 얻으려 현실을 저축했다. 만기가 언제인지 모를 적금이었다.

지금 여기에서 행복하기로 했다. 거창한 목표를 위해 현재를 버리지 않기로 했다. 오늘 행복하지 않은데 내일 행복할 리 없다. 이 순간 하는 일, 지금 만나는 사람, 내가 있는 장소에서 최선을 다하리라고 마음먹었다.

교직에 대한 눈도 바뀌었다. 하루하루 학교에서 웃는 일을 만들기로 했다. 지금 옆에 있는 선생님, 함께 하는 아이들과 즐겁기로 했다. 그렇게 살다 보면 언젠가 퇴직할 때도 행복한 교사로서 마무리할 수 있을 거라고 믿는다. 카르페 디엠(Carpe diem), 이 순간을 즐기자.

8

30년 뒤의 나에게

안녕.

2050년의 나, 잘 지내고 있니. 높임말 할 필요는 없겠지? 너는 나고 나는 너니까.

지구는 어떠니?

환경오염이 심해서, 국가 간 다툼으로 멸망하지 않았으면 좋겠다. 2020년 기억나? 코로나 19로 전 세계가 고통받고 있어. 얼른 백신이 만들어져서 코로나 이전 세상으로 돌아갔으면 해. 사람들 삶은 과거보다 나아졌을까? 사람 살기 좋은 세상이었으면 싶다. SF 영화를 보면 디스토피아적 세계가 나오는데, 정반대이길 바랄게.

거울 한번 볼까?

얼굴이 궁금하다. 공자가 마흔 이후에는 자기 인상에 책임져야 한다고 했잖아. 요즘 웃는 얼굴 연습하는데 그때쯤이면 자연스러워졌으리라고 믿어. 신뢰감과 선함이 얼굴에 드러났으면 좋

겠어. 안경 계속 쓰고 있어? 동안이었으면 좋겠다. 흰머리 많이
났으려나? 염색해야 할 정도는 아니지? 건강이 제일 중요해. 몸
관리 잘하렴. 운동도 꾸준히 하고.

결혼은 했니?
행복한 가정을 만드는 게 꿈이었잖아. 멋진 남편, 좋은 아빠가
되었길 바랄게. 다른 무엇보다 그걸 원해. 그렇게 살았다면 정말
축하해. 멋지다! 가족들은 건강하니? 무엇보다 가족이 우선이다.
잊지 마.

교직 생활은 어땠니?
몇 살까지 근무했을까? 정년까지 하진 않았을 거 같다. 하긴
성훈이랑 같이 평교사로 정년퇴직하자 했었지? 지역을 옮기지
않았어? 서울이나 경기도, 다른 지역으로 가는 것도 고민했잖아.
전과했을까? 교사로서 스스로 생각했을 때 몇 점 정도 줄 거 같
아? 100점 만점에 90점 정도는 줬으면 좋겠다. 내가 나한테 90
점 주라고 하는 거니까 조금 민망하네.
후회가 적고 기쁨이 많았던 시간이었으면 해. 네가 좋은 선생
님이었을 거라고 믿어. 학생을 존중하고 지지하는, 긍정적인 영
향을 주려고 하는 마음 잊지 않았길 바랄게.

어떤 인생을 살고 있니?
건강하게 사회생활을 계속하고 있었으면 좋겠다. 관심 가진
분야를 강의하고 글을 쓰는 사람이었으면 해. 인문학도 좋고, 다

른 분야도 좋고. 책은 몇 권 정도 썼어? 처음 책 쓰기 할 때의 설렘과 어려움, 감사함을 잊지 말자. 글을 쓰는 목적은 단 한 명에게라도 경험을 공유하고 감정을 읽어주며 도움을 주고 싶어서야. 돈을 벌기 위함이 아니고 명예를 높이기 위해서도 아니라는 거 알지?

제자들과는 연락하고 있어?

아이들은 다들 잘 지내니? 그때쯤이면 지금 내 나이보다 많겠구나. 못 알아보겠다 정말. 각자 자기 자리에서 제 몫 해나가고 있을 거라고 믿어. 한 번씩 얼굴을 보는 아이들도 있었으면 좋겠다. 제자 네트워크 만들어봤어? 함께 모여있는 모습을 보면 뿌듯하겠다.

학교는 세웠니?

크기가 중요한 게 아니라 사회 작은 부분을 밝힐 수 있는 곳이길 바랄게. 아직 아무 계획이 없어서 어떤 모습일지 상상도 못하겠다. 힘든 건 없었어? 네 노력으로 만들어진 학교를 통해 도움받은 아이들이 분명 있었을 거야. 같이 일하는 사람은 누구니? 혹시 30년 전까지 만났던 사람들 중에 있어? 궁금하다.

해주고 싶은 말 있니?

인터넷 게시판에 가끔 올라오는 글인데 이런 거야.

'N년 전 자신을 만났다. 단 한 문장만 전할 수 있다. 무슨 말 하겠는가?'

무슨 말을 해주고 싶어? 나라면 그 말 할 거 같아. 항상 교실 앞에 붙여두는 말, 아이들에게 하는 말. 알지?

"괜찮아, 잘 될 거야."

이 말이 좋아.

앞으로 30년 어떻게 살고 싶어?

평균 수명이 지금도 70~80살인데, 미래에는 더 늘어나겠지? 100살 넘게 살 텐데 어떻게 살려고 하니? 매일 최선을 다하고 조금씩 나아지는 사람이 되자. 삶의 마지막 날 가장 멋진 사람이 되기로 다짐했잖아, 기억하고 있지? 다른 사람에게 긍정적 영향을 주자. 무엇보다 지금이 소중한 거 알지? 가족, 친구, 지인들에게 늘 최선을 다하렴.

30년 뒤 나야, 이 글을 쓰는 오늘이 기억나니?

일요일이야. 비는 안 왔는데 습도가 높아. 창가에 넘어오는 바람이 선선해. 방에는 선풍기가 돌아가고 있고 그 옆 피아노에는 먼지가 수북하다. 장범준 '당신과는 천천히'를 들으면서 책상에 앉아 얼마 전 구입한 노트북으로 글을 쓰고 있어. 잠시 기지개 펴는데 사놓고 읽지 않은 책들이 보이고 거실에서 가족들 목소리가 들린다. 저녁은 치킨을 먹었어. 역시나 맛있네. 미래에도 치느님은 변함없겠지? 평온한 저녁이야, 별다른 일이 없는 하루라서 감사해.

올해는 울기도 했지만 웃을 수 있는 일도 많았네. 아직 조금 더 괜찮은 사람이 될 수 있을 거라고 기운 받기도 했었지. 어쩐지 좋은 일이 생길 것 같은 기분이야.

지금 나는 행복해. 너도 그러길 바랄게.

혹시 힘든 일은 없니? 괜찮아, 그럴 수도 있지. 잘 될 거야. 그렇게 믿자.

30년 뒤에 만나. 하루만큼 다가갈게.

기다려주라.

"안녕하세요. 고등학교에서 아이들을 가르치고 있습니다."

익숙한 인사말이다. 가끔 우습다. 진로를 고민하던 학창 시절, 머릿속 어느 한구석에도 교사라는 단어는 없었다. 이제 다른 직업을 가진 내 모습은 상상이 안된다. 얼마 전 동료 선생님이 학급 아이들에게 진로 선택에 대해 상담하다 내 이야기를 했다고 한다.

"우민 쌤, 적성에 맞게 직업 선택하고 즐겁게 교사 생활 하잖아."

천직이다는 말까진 못 하겠지만 잘 맞는 직업이라고 생각한다. 만족하고 있다. 이유가 있다면 교사를 직업이 아니라 삶의 방식으로 받아들였기 때문인 것 같다.

하루하루 발전하고 싶다. 오늘보다 내일 더 나은 사람이 되고 싶다.
배움의 자세를 잊지 말고 끊임없이 성찰하고 정진하고 싶다. 긍정적인 영향력을 주는 사람이고 싶다.

타인을 존중하고 공감하고 싶다. 장점을 찾아주고 스스로 괜찮은 사람임을 알게 하고 싶다.

지금, 이 순간을 소중히 여기고 행복해지고 싶다.

내가 지향하는 교사는 그런 사람이다.

교사 생활은 여전히 힘겹다. 아이들 마음은 멀고 지친 내 몸은 가깝다. 쉬고 싶고 이왕이면 편하고 싶다. 생각한 대로 되는 일이 없고 예측하지 못한 일이 튀어나온다. 기대하는 대로 아이들은 따라주지 않는다. 실망하고 좌절한다. 마음이 다친다. 아프다. 안되는구나, 포기하자 싶을 때도 있다.

그런데도 설렌다. 내일 아침 만나게 될 아이들과의 새로운 하루를 기대한다. 궁리하며 계획한 수업을 어떻게 받아줄까 궁금하다. 생각한 대로 수업이 흘러가 쉬는 시간 종이 울렸는데도 아이들이 집중할 때 한 여름밤 시원한 맥주처럼 짜릿하다. 동료 선생님과 커피 한잔하며 나눌 사소한 대화에 행복하다. 소소한 하루들이 쌓여 만들어질 미래를 상상한다.

이런 마음을 담아 책을 쓰려 했다.

막상 글을 쓰다 보니 한 꼭지에 걱정 하나가 피어났다.
"이런 내용을 담아도 문제없을까?"
"글 내용이 빈약해서 다른 사람들이 비웃지 않을까?"

어찌어찌 초고를 완성했다. 영 마음에 들지 않는다. 몇 번을 고쳐 썼다. 조금 더 멋들어진 문장을 쓰고 싶었다. 부끄러운 부분을 줄이고 남들 보기에 괜찮은 이야기를 담을까 고민했다. 혼자서 끙끙대다가 교사 친구에게 한번 읽어달라고 부탁했다. 아니나 다를까 부족한 부분을 콕 집어 연락이 왔다. 마무리하며 덧붙인다.

"읽다 보니 내 생활을 다시 한번 되돌아보게 되더라. 생각할 내용이 많네. 잘 읽었다."

그제야 책을 쓰기 시작한 이유가 떠올랐다.
잘 쓴 글이 아니라 내 이야기를 담은 글을 쓰고 싶었다. 6년 동안 있었던 일들, 그 속에서 느낀 감정을 말하고 싶었다. 글을 읽는 사람이 나만 그런 게 아니구나 라고 느낄 수 있고 위로받길 바랐다. 막막한 교직의 시작을 준비할 수 있는 경험담을 들려주려 했다. 세련된 문장이 아니라 공감하는 글을 쓰려 노력했다.

교직을 함께하는 친구가 잠시 스스로 되돌아볼 수 있다고 했으니 성공했구나 싶었다.

아이들이 모두 괜찮은 사람인 것처럼 교사도 모두 괜찮은 선생님이다. '충분히 잘하고 있다.' 자신을 다독였으면 좋겠다. 어설픈 것이 당연하니 자책하지 않았으면 한다. 나아지려는 모습만 잃지 않는다면 반드시 원하는 모습으로 성장할 수 있다고 믿는다.

책을 쓰면서 행복했다. 지나온 일을 생각하며 웃음을 지었다. 지금 누리고 있는 것들에 감사한다. 가슴에 새기고 다시 시작하려 한다. 지나온 길보다 더 많이 걸어가야 한다. 주저앉고 싶은 순간이 있을 것이다. 그때 이 책을 다시 읽고 싶다. 누구보다 나 자신을 응원한다. 스스로 행복할 수 있어야 다른 사람을 행복하게 해줄 수 있다.

나는 행복한 교사다.

정우민 ————————————————————

선한 영향력 주는 일을 하고 싶어 교사가 되었다.
교사보다 선생님이라는 말을 좋아한다.

아이들과 함께 하는 하루의 시작이 여전히 설렌다.
저마다 인생에서 행복하게 살라고, 너는 괜찮은 사람이라고 말해주려 한다.

고양이와 음악, 커피, 하늘과 바다를 좋아한다.
책 읽고 글 쓰며 이야기하는 사람을 꿈꾼다.

나도 괜찮은
교사이고
싶다

초판인쇄 2020년 10월 30일
초판발행 2020년 10월 30일

지은이 정우민
펴낸이 채종준
펴낸곳 한국학술정보㈜
주소 경기도 파주시 회동길 230(문발동)
전화 031) 908-3181(대표)
팩스 031) 908-3189
홈페이지 http://ebook.kstudy.com
전자우편 출판사업부 publish@kstudy.com
등록 제일산-115호(2000. 6. 19)

ISBN 979-11-6603-174-8 03370